# 正道
## 中国文化传统

张岱年 著

北京大学出版社
PEKING UNIVERSITY PRESS

## 图书在版编目（CIP）数据

正道：中国文化传统 / 张岱年著 . — 北京：北京大学出版社，2023.5

ISBN 978-7-301-33900-8

Ⅰ.①正…　Ⅱ.①张…　Ⅲ.①中华文化－研究　Ⅳ.①K203

中国国家版本馆 CIP 数据核字（2023）第 062567 号

| | |
|---|---|
| 书　　　名 | 正道：中国文化传统<br>ZHENGDAO: ZHONGGUO WENHUA CHUANTONG |
| 著作责任者 | 张岱年　著 |
| 策划编辑 | 王炜烨 |
| 责任编辑 | 王炜烨　闵艳芸 |
| 标准书号 | ISBN 978-7-301-33900-8 |
| 出版发行 | 北京大学出版社 |
| 地　　　址 | 北京市海淀区成府路 205 号　100871 |
| 网　　　址 | http://www.pup.cn |
| 电子信箱 | zpup@pup.cn |
| 新浪微博 | @北京大学出版社 |
| 电　　　话 | 邮购部 010-62752015　发行部 010-62750672<br>编辑部 010-62750673 |
| 印　刷　者 | 北京九天鸿程印刷有限责任公司 |
| 经　销　者 | 新华书店 |
| | 880 毫米 ×1230 毫米　32 开本　13 印张　269 千字 |
| | 2023 年 8 月第 1 版　2024 年 5 月第 2 次印刷 |
| 定　　　价 | 89.00 元 |

未经许可，不得以任何方式复制或抄袭本书之部分或全部内容。
版权所有，侵权必究
举报电话：010-62752024　电子信箱：fd@pup.pku.edu.cn
图书如有印装质量问题，请与出版部联系，电话：010-62756370

张岱年

# 目 录

001　　序　中国文化的基本精神

027　　第一章　中国文化的思想基础与基本精神
031　　第一节　中国文化发展的基本情况
034　　第二节　中国文化的思想基础
046　　第三节　中国文化的基本精神与主要偏向
051　　第四节　中国文化发展的方向

053　　第二章　中国文化传统与民族精神
057　　第一节　民族文化的延续与变革
061　　第二节　民族习性与民族精神
065　　第三节　"自强不息""厚德载物"
068　　第四节　"中庸"辨析

071　　第三章　中国传统文化的发展演变及发展规律
075　　第一节　中国文化的形成
083　　第二节　中国文化的发展

| | | |
|---|---|---|
| 090 | 第三节 | 中国文化的演变 |
| 111 | 第四节 | 中国文化的发展规律 |

| | | |
|---|---|---|
| 123 | 第四章 | 中国哲学史上人的价值学说 |
| 127 | 第一节 | "人贵于物" |
| 139 | 第二节 | 人的觉醒 |

| | | |
|---|---|---|
| 149 | 第五章 | 中国文化与中国哲学 |
| 153 | 第一节 | 中国哲学主要学派的分合与消长 |
| 157 | 第二节 | 中国哲学的基本观点与基本倾向 |
| 171 | 第三节 | 中国文化的基本精神与主要缺点 |

| | | |
|---|---|---|
| 185 | 第六章 | 中国古代哲学的基本特点 |
| 189 | 第一节 | 本体论、认识论、道德论的统一 |
| 197 | 第二节 | 整体与过程的观点 |
| 201 | 第三节 | 现实生活与道德理想统一的观点 |
| 207 | 第四节 | 经学与哲学的结合 |
| 211 | 第五节 | 正确评价中国古代哲学遗产 |

| | | |
|---|---|---|
| 213 | 第七章 | 儒学奥义 |
| 217 | 第一节 | "天人合一" |
| 221 | 第二节 | "仁智合一" |

| | | |
|---|---|---|
| 225 | 第三节 | "知行合一" |
| 229 | 第四节 | "义命合一" |
| 231 | 第五节 | "以和为贵" |
| 234 | 第六节 | "志不可夺""刚健自强" |

| | | |
|---|---|---|
| 239 | 第八章 | 老子在哲学史上的地位 |
| 243 | 第一节 | 老子其人与《老子》其书 |
| 253 | 第二节 | 老子"道论"的深远影响 |

| | | |
|---|---|---|
| 259 | 第九章 | 孔子哲学解析 |
| 263 | 第一节 | 述古而非复古 |
| 266 | 第二节 | 尊君而不主独裁 |
| 270 | 第三节 | 信天而怀疑鬼神 |
| 273 | 第四节 | 言命而超脱生死 |
| 276 | 第五节 | 标仁智以统礼乐 |
| 282 | 第六节 | 道中庸而疾必固 |
| 284 | 第七节 | 悬生知而重闻见 |
| 286 | 第八节 | 宣正名以不苟言 |
| 289 | 第九节 | 重德教而卑农稼 |
| 291 | 第十节 | 综旧典而开新风 |

## 第十章 《易传》与中国文化的优良传统

295　第十章　《易传》与中国文化的优良传统

299　第一节　《易传》与孔学

303　第二节　《易传》中的唯物主义与唯心主义

313　第三节　《易传》的变易哲学是中国文化优良传统的思想基础

323　第十一章　宋明理学的基本性质

327　第一节　道学、理学、心学

333　第二节　理学的主要特点

339　第三节　理学是哲学而非宗教

343　第四节　理学与宋明封建制度

348　第五节　理学与反理学思想的对立

353　第六节　批判理学与清除封建影响

357　第十二章　中国文化的历史传统及更新

361　第一节　文化发展的基本规律

368　第二节　国民性和民族精神

371　第三节　当代中国的文化形态及其发展趋势

379　第十三章　中国文化的改造与复兴

383　第一节　文化体系的分析与综合

386　第二节　正确认识中国文化的精粹思想

398　第三节　文化创新之路

# 序

## 中国文化的基本精神

中国文化即中华民族的文化。

中华民族是由许多的民族（或称为种族）共同构成的一个整体。在长期的发展过程中，中国各族的文化相互交融，共同构成为丰富灿烂的中华民族文化。

从历史来看，不能不承认，汉族文化在中华民族文化的发展过程中居于主导的地位。汉族文化曾经对各兄弟民族的文化产生深刻的影响，但也汲取过各兄弟民族的文化成就。汉族和各兄弟民族，彼此之间有一个长期的文化交融的过程。

从世界范围来看，中国文化是一个独立发展的体系，有一个连续不断的发展过程。在这发展过程中，虽经常吸收外来文化的长处，但始终保持着自己的独立性，因而成为世界上一个独特的文化类型，影响及于国外，对于世界文化做出过巨大的贡献。

中国文化在几千年中，巍然独立，存在于世界东方，除了有一定的物质基础（物质生产的原因）之外，还有其一定的思想基础。这种思想基础，可以叫做中国文化的基本精神。

何谓精神？精神本是对形体而言，文化的基本精神应该是对文化的具体表现而言。就字源来讲，"精"是细微之义，"神"是能动的作用之义。文化的基本精神就是文化发展过程中精微的内在动力，也即是指导民族文化不断前进的基本思想。

斯大林在《马克思主义和民族问题》中曾经指出："还必须注意到结合成一个民族的人们在精神形态上的特点。各个民族之所以不

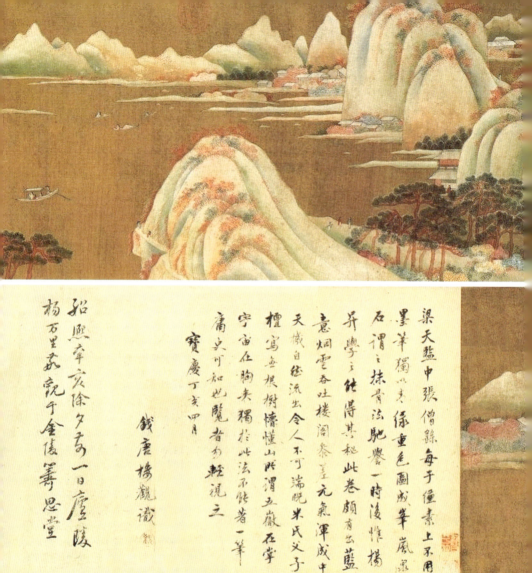

>>> 从世界范围来看,中国文化是一个独立发展的体系,有一个连续不断的发展过程。中国文化在几千年中,巍然独立,存在于世界东方。图为唐代杨昇《画山水卷》。

同，不仅在于他们的生活条件不同，而且在于表现在民族文化特点上的精神形态不同。"（《斯大林全集》第2卷，第294页）中国文化的基本精神也就是中华民族在精神形态上的基本特点。

近代以来，由于中国受帝国主义的欺凌，由于反动统治者的腐败无能，由于中国沦为半殖民地，人们特别注意考察中国旧有的思想意识中消极衰朽的方面，注意考察旧有思想意识中的陈腐萎靡的病态。这当然是必要的。对于这些缺点、病态，必须有清醒的认识，坚决地加以改革。但是，如中国文化仅仅是一些缺点、病态的堆积，那么中华民族就只有衰亡之一途了。过去，一些帝国主义者正是以此对中国进行恶毒的攻击。我们在严正地予以反驳的同时，应当注意考察传统文化中所包含的积极的健康的要素，深切地认识到中国传统文化中具有指导作用的推动历史前进的精神力量。

中华文明有五千年的历史，新中国成立以后，文化又获得了新生，进入了中华民族文化发展的新阶段。中国文化能够历久不衰，虽衰而复盛的情况，证明了中国文化中一定有不少积极的、具有生命力的精粹内容。

中国文化的基本精神是什么呢？指导中国文化不断前进的基本思想是什么呢？这里试举出四点：第一，刚健有为；第二，和与中；第三，崇德利用；第四，天人协调。我认为这些就是中国传统文化的基本精神之所在，略说如下。

## 一 刚健有为

《周易大传》提出"刚健"的学说,《彖传》说:"需,须也,险在前也。刚健而不陷,其义不困穷矣。"又云:"大有,其德刚健而文明,应乎天而时行。"又云:"大畜……刚健笃实辉光,日新其德。"这些都是赞扬"刚健"的品德。《说卦》云:"乾,健也;坤,顺也。""健"是阳气的本性,"顺"是阴气的本性。在二者之中,阳健居于主导的地位。《象传》说:"天行健,君子以自强不息。"天体运行,永无已时,故称为"健"。"健"含有主动性、能动性以及刚强不屈之义。君子法天,故应自强不息。《周易大传》强调"刚健",主张"自强不息",这是有深刻意义的精粹思想。

从汉代到清代,两千年之中,《周易大传》被认为是孔子的著作,它是以孔子手笔的名义产生影响的。所以,"自强不息"的思想在历史上曾对很多知识分子起过激励的作用。事实上,《周易大传》并非孔子所著,"刚健"之说应是战国时代儒家中讲《易》的学者提出来的。"刚健"虽不是孔子提出的,但孔子确实比较重视"刚",《论语》记载:"子曰:'吾未见刚者。'或对曰:'申枨。'子曰:'枨也欲,焉得刚?'"(《公冶长》)郑玄注云:"刚谓强志不屈挠。"《论语》又载孔子云:"刚毅木讷近仁。"(《子路》)可见孔子肯定"刚"是有价值的品德。《周易大传》的刚健之说实渊源于孔子。

孟子鄙视"以顺为正",提出"富贵不能淫,贫贱不能移,威武不能屈"的生活准则。《孟子》记载:

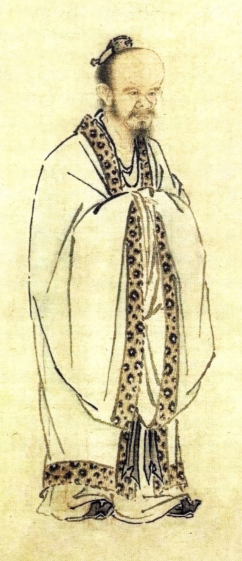

>>> 从汉代到清代,两千年之中,《周易大传》被认为是孔子的著作,它是以孔子手笔的名义产生影响的。图为宋代马远《孔子像》。

景春曰:"公孙衍、张仪,岂不诚大丈夫哉?一怒而诸侯惧,安居而天下熄。"孟子曰:"是焉得为大丈夫乎?子未学礼乎?丈夫之冠也,父命之;女子之嫁也,母命之。往送之门,戒之曰:'往之汝家,必敬必戒,无违夫子!'以顺为正者,妾妇之道也。居天下之广居,立天下之正位,行天下之大道。得志,与民由之;不得志,独行其道。富贵不能淫,贫贱不能移,威武不能屈:此之谓大丈夫。"(《滕文公下》)

大丈夫应有独立的人格,遵守一定的准则,不屈服于外在的压力。孟子这种见解与《周易大传》的刚健思想有一致之处。

孔子重"刚",老子则贵"柔",二说相反,都有深深的影响。老子提出"无为"说,孔子也尝赞美"无为"的政治,但孔子认为在日常生活中应该"有为"。他说:"饱食终日,无所用心,难矣哉!不有博弈者乎?为之,犹贤乎已。"(《论语·阳货》)孔子自称"为之不厌,诲人不倦"(《论语·述而》),"发愤忘食,乐以忘忧"(同上)。他坚决主张有所作为,表现了"自强不息"的精神。

宋代周敦颐受道家影响,提出"主静"之说,在宋、明时代,影响很大。到明、清之际,王夫之重新肯定了《周易大传》的刚健学说。王夫之说:"圣人尽人道而合天德。合天德者,健以存生之理;尽人道者,动以顺生之几。"(《周易外传》卷二《无妄》)又说:"唯君子积刚以固其德,而不懈于动。"(《周易内传·大壮》)王夫之有力地宣扬了"健"与"动"的学说。

《周易大传》关于"刚健"和"自强不息"的思想,在历史上起

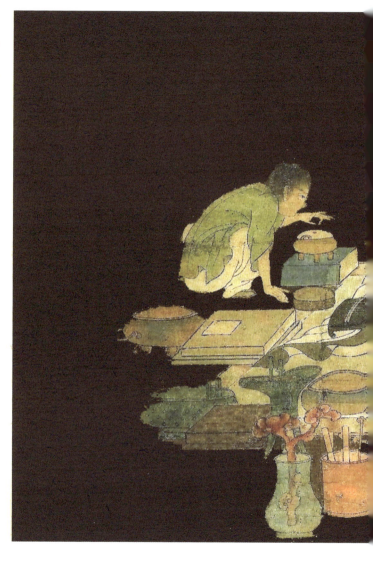

周昉字景元京兆人嘗寫仲尼尚禮圖及行化老君像此圖渾朴古厚衣紋如鐵綫大似王摩詰伏生授經圖

>>> 孔子重"刚",老子则贵"柔",二说相反,都有深深的影响。老子提出"无为"说,孔子也尝赞美"无为"的政治,但孔子认为在日常生活中应该"有为"。图为唐代周昉《老子玩琴图》(明人临摹)。

了一定的推动中国文化向前发展的积极作用。而道家和部分宋儒的"柔静"学说，则是"刚健"思想的一种补充，二者相互对峙，相互引发，构成了中国传统文化的独特面貌。

## 二 和与中

西周末年至春秋时期，有所谓"和同"之辨。"同"是简单的同一，"和"是众多不同事物之间的谐和。《国语·郑语》记载西周末年史伯的言论说："夫和实生物，同则不继。以他平他谓之和，故能丰长而物生之。若以同裨同，尽乃弃矣。……于是乎先王聘后于异姓，求财于有方，择臣取谏工，而讲以多物。"史伯区别"和"与"同"："以他平他谓之和"，意谓聚集不同的事物而得其平衡，叫做"和"，这样就能产生新事物，所以说"和实生物"；"以同裨同"，即把相同的事物加起来，那是不能产生新事物的。《左传·昭公二十年》记载晏子论"和""同"的区别说：

> 和如羹焉，水、火、醯、醢、盐、梅，以烹鱼、肉。燀之以薪，宰夫和之，齐之以味，济其不及，以泄其过。君子食之，以平其心。君臣亦然：君所谓可，而有否焉，臣献其否，以成其可；君所谓否，而有可焉，臣献其可，以去其否，是以政平而不干。……若以水济水，谁能食之？若琴瑟之专一，谁能听之？同之不可也如是。

这所谓"和",也是聚集不同的事物而得其"平"。君臣之间,臣能提出不同的意见,君能容纳不同的意见,然后可称为"和"。史伯、晏子关于"和""同"的思想,一是要求多样,二是要求平衡。这是一种促进文化发展的思想。孔子也区别了"和"与"同",他说:"君子和而不同,小人同而不和。"(《论语·子路》)看来孔子是同意晏子关于"和""同"区别的言论的。孔子对于"和""同"之辨未多讲,而提出了"中庸"的观念。后来孔子之孙子思作《中庸》篇,对中庸观念做了进一步的发挥。于是中庸观念在中国文化史上产生了巨大而深远的影响。由于后来的思想家对中庸有不同的理解,因而中庸观念在中国文化史上的影响也不是单纯的。

孔子说:"中庸之为德也,其至矣乎!民鲜久矣。"(《论语·雍也》)对于中庸的含义未加说明。《中庸》篇云:"君子中庸,小人反中庸。君子之中庸也,君子而时中;小人之反中庸也,小人而无忌惮也。"又云:"舜其大知也与……执其两端,用其中于民,其斯以为舜乎!"这里以"时中""用中"来解说中庸,"时中"即随时处中,依条件的不同随时选取适当的标准;"用中"即不陷于某一极端,随情况的不同而采取确当的方法。从汉至宋,经学家对于中庸有不同解释。郑玄诠释《中庸》篇的题意云:"名曰中庸者,以其记中和之为用也。"(《礼记疏》引《郑同录》)这是认为中庸指中的运用。程颐诠释中庸云:"不偏之谓中,不易之谓庸。"(朱熹《中庸章句》引)这是把中庸看成固定的原则。郑玄的解释是比较符合原意的。中庸思想的主要涵义是:在事物的发展过程中,对于实现一定的目的来说,有一个一定的标准,达到这个标准就可以实现这个目的,否则就不

>>> 史伯、晏子关于"和""同"的思想,一是要求多样,二是要求平衡。这是一种促进文化发展的思想。图为清代罗聘(款)《晏子使楚》。

可能实现这个目的。没有达到这个标准叫做"不及",超过了这个标准叫做"过"。如果超过了这个标准,就不可能实现原来的目的,而会转变到原来目的的反面。所谓"中庸之为德"就是经常遵守一定的标准,既不过,亦不是不及,这是中庸的品德。有些事情,确有一个适当的标准,例如饮食卫生一类的事情,确有一个适度的问题,这个"度"在"过"与"不及"之间。但是社会的变革,在一定条件下,需要打破原来的标准,这样才能取得更大的发展;如果固守原来的标准,就会陷于停滞不前了。中庸思想在中国文化史上有两方面的作用:第一,保证了民族文化发展的稳定性,反对过度的破坏活动,使文化发展不致中断;第二,对于根本性的变革,又起了一定的阻碍作用。

## 三 崇德利用

春秋时代有"三事"之说。《左传·文公七年》记载晋国贵族郤缺的言论说:"正德、利用、厚生,谓之三事。""正德",端正品德;"利用",便利器用(用指工具器物之类);"厚生",丰富生活。"正德"是提高精神生活,"利用""厚生"是提高物质生活。《左传·成公十六年》记载楚国申叔时之言云:"民生厚而德正,用利而事节。"又《襄公二十八年》记齐国晏婴之言云:"夫民,生厚而用利,于是乎正德以幅之。"生活丰厚,器用便利,然后端正德行加以节制。"幅"是节制之义。晋、楚、齐三国的贵族,都谈到正德、利用、厚生,可见这是当时比较流行的思想。"三事"之说兼重物质生活和精神生活，是比较全面的观点。

《周易大传》中讲到"崇德"与"利用"的关系问题，《系辞下传》说："精义入神，以致用也。利用安身，以崇德也。过此以往，未之或知也；穷神知化，德之盛也。"朱熹《本义》解释说："精研其义，至于入神……然乃所以为出而致用之本；利其施用，无适不安……然乃所以为入而崇德之资。……至于穷神知化，乃德盛仁熟而自致耳。""义"指事物的规律，"神"指微妙的变化。精研事物的规律，以至于理解深微的变化，是为了实用；便利实际运用，是为了提高道德；而道德提高了，就更能对微妙的变化有更深入的理解。《周易大传》既重"崇德"，又重"利用"，也是比较全面的观点。

春秋时代的"三事"之说，兼重精神生活与物质生活，是比较全面的正确观点。儒家特重"正德""崇德"，而对"利用""厚生"的问题则研究得不多；道家反对"利用"，也不赞成"厚生"，这对文化的发展产生了一定的消极影响。

但历代都有一些自然科学家，对"利用""厚生"的实际问题进行过切实的研究，从而促进了文化的发展。

"正德、利用、厚生""崇德、利用"的思想，虽然秦、汉以后在理论上没有得到进一步的发挥，但确实是中国文化史上一个重要的指导思想。

## 四 天人协调

天人关系问题，亦即人与自然的关系问题，是中国传统哲学的一个根本问题，也是文化方向的基本问题。在中国古代哲学中，关于人与自然的关系，有三种学说。庄子主张因任自然："不以人助天"（《庄子·大宗师》），"无以人灭天"（《庄子·秋水》）。荀子主张改造自然："大天而思之，孰与物畜而制之？从天而颂之，孰与制天命而用之？"（《荀子·天论》）而最重要的是《周易大传》的"辅相天地"的学说。《象传》说："天地交泰，后以裁成天地之道，辅相天地之宜，以左右民。"所谓"裁成""辅相"，亦即加以调整、辅助。《系辞上传》说："范围天地之化而不过，曲成万物而不遗。""范围"亦即"裁成"之义，"曲成"亦即"辅相"之义。《文言》说："夫大人者，与天地合其德，与日月合其明，与四时合其序，与鬼神合其吉凶。先天而天弗违，后天而奉天时。"此所谓"先天"，即引导自然；此所谓"后天"，即随顺自然。在自然变化未萌之先加以引导，在自然变化既成之后注意适应，做到天不违人，人亦不违天，即天人相互协调。这是中国古代哲学的最高理想，亦即中国传统文化的基本道路。《周易大传》在历史上是以孔子手笔的名义产生影响的，所以这种天人协调的思想，在中国文化史上居于主导地位。

王夫之提出"相天"之说，他说：

> 语相天之大业，则必举而归之于圣人。……人弗敢以圣自尸，抑岂同禽、鱼之化哉？……故天之所死，犹将生之；天

>>> 庄子主张因任自然:"不以人助天"(《庄子·大宗师》),"无以人灭天"(《庄子·秋水》)。图为明代仇英《南华秋水图》。取自《庄子·秋水》中河神与海神的一段对话,借水来论述宇宙、世事的相对关系。

之所愚,犹将哲之;天之所无,犹将有之;天之所乱,犹将治之。"(《续春秋左氏传博议》)

传统的观点以为"相天"是圣人的大业,普通人虽非圣人,但也与禽、鱼等动物有所不同。增加自然所没有的,改变自然所已有的,这是人的作用。王夫之的"相天"之说,是对古代"裁成""辅相""天""地"的思想的发挥。

人与自然的关系问题,直至今日仍然是必须认真对待的问题。近代西方强调克服自己、战胜自然,确实取得了重大的成就。但是,如果不注意生态平衡,也会受到自然的惩罚。改造自然是必要的,而破坏自然则必自食苦果。中国传统的天人协调的观点,确实有重要的理论价值。

文化是受生产方式决定的。周、秦至明、清的文化,基本上是封建文化;西方中世纪文化,也是封建文化。中西的封建文化,彼此很不相同。中国封建制时代的文化确实有很高的成就。到了近代,中国文化,较之西方,却相形见绌,远远落后了。中国的传统文化,确有消极的、病态的一面,但也有积极的、健康的一面。识别中国民族文化中的优良传统,对于树立民族的自信心和自尊心,是非常有必要的。

中华民族自古以来,还有一个维护民族独立,为"报国"而献身的优良传统。孔子称赞管仲:"微管仲,吾其被发左衽矣。"从此以后,维护民族的尊严、保卫民族文化,便成为一个根深蒂固的信念。在历史上,汉族和少数民族有一个相互竞争、相互融合的过程,经历

>>> 中华民族自古以来,还有一个维护民族独立,为"报国"而献身的优良传统。孔子称赞管仲:"微管仲,吾其被发左衽矣。"图为汉砖画中的管仲等人。

了曲折的道路。在各族中，都有许多为国家、为本族而献身的志士仁人，表现了复杂的情况。例如宋、元之际，文天祥宁死不屈，发扬了民族的正气，起了激励人心的巨大作用。许衡把南宋的学术传播到北方，也对于中国文化的发展有重要意义。这都是不能用简单化的办法随意抹杀的。

中华民族还有一个善于吸收外来文化成就，借以提高自己的理论水平的优良传统。佛教的输入和流传，表明了中国人民对待外来文化的态度。佛教在中国流传之后，一部分中国佛教徒把佛教教义中国化了，做出了自己的理论贡献；而儒家学者在批判佛教的过程中，充实了传统儒学的思想，提高了理论思维的水平，使中国的固有学术放出新的光彩。中华民族善于吸收外来文化，又保持了自己的文化的独立性，从而对世界文化做出了独特的贡献。

五四运动展开了对传统文化的批判，这对于除旧布新，起了巨大的推动作用。新中国的成立，使中国历史进入社会主义的新时代，不但要批判封建文化，也要批判资产阶级的文化，我们的任务是建设社会主义的新文化。社会主义文化不是凭空产生的，我们必须尊重历史，对过去各时代的文化，批判地加以总结，这样才有利于社会主义新文化的发展。中国的社会主义文化一定要有中国的特点。清理传统文化的复杂内容，区别其中的精华和糟粕，肃清一切陈腐、庸俗思想的流毒，充分认识在历史上起过积极作用的文化遗产，并加以改造提高，这是我们今天的一项重要任务。

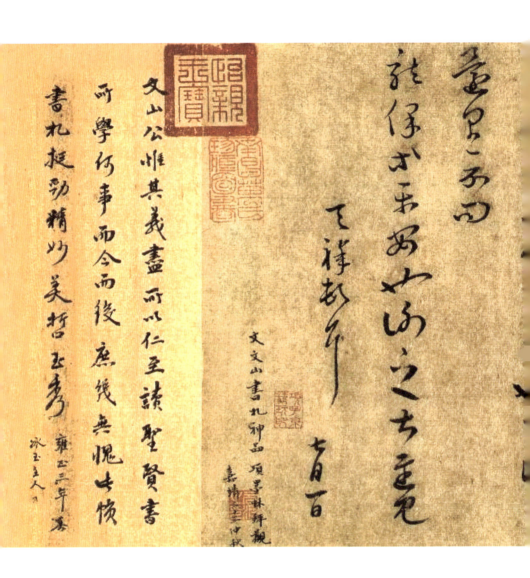

>>> 在各族中，都有许多为国家、为本族而献身的志士仁人，表现了复杂的情况。例如宋、元之际，文天祥宁死不屈，发扬了民族的正气，起了激励人心的巨大作用。图为宋代文天祥书法。

文山公之精忠大節輝二天地間而此幀書札精妙它絕倫雖紙墨之徵亦皆不苟也實乃精力之作神品也

康熙四十七年冰玉主人拜識

>>> 宋、元之际,文天祥宁死不屈,发扬了民族的正气,起了激励人心的巨大作用。图为元代钱选《信国公遗像图》。

第一章

# 中国文化的思想基础与基本精神

关于中国文化的前途，关于东方文化与西方文化的比较，在20世纪20年代至30年代，曾经展开过热烈的讨论。现在又重新提起这个问题，其意义何在呢？我认为，现在重新讨论关于文化的问题，主要是适应建设社会主义新文化的需要。我们现在已经进入社会主义建设的时期，我们现在要建设具有中国特色的社会主义物质文明和精神文明，也就是要创造社会主义新文化。社会主义新文化不是能够凭空创造的，必须在传统文化的基础上加以改造，推陈出新。列宁说过："应当明确地认识到，只有确切地了解人类全部发展过程所创造的文化，只有对这种文化加以改造，才能建设无产阶级的文化，没有这样的认识，我们就不能完成这项任务。"（见《列宁选集》第4卷，北京：人民出版社，1971年第1版，第348页）列宁这段名言也适用于中国。我们现在来建设社会主义新文化，必须对文化史进行科学的考察和分析，对于文化史做出科学性的总结。

## 第一节
## 中国文化发展的基本情况

从上古时代以至两汉，中国文化是独立发展的。先秦诸子的哲学思想，表现了湛深的智慧；先秦时期的自然科学，具有自己独特的面貌；先秦时期的艺术，如商周的青铜器、春秋时代的编钟，其精美的程度至今犹令人赞叹。先秦和西汉文化充分表现了中华民族的创造力。

两汉之际，佛教开始输入；魏晋以后，佛教逐渐产生广泛影响。这是外来文化第一次输入。到隋、唐时代，佛教达到了鼎盛。佛教思想与中国固有的传统思想之间，既有相互对峙的一面，又有相互影响的一面。隋、唐时代的佛教徒创立了中国佛学，与印度佛学有所不同。但佛教在中国始终没有占据统治地位。宋代理学，虽然采纳了佛学的一些思想资料，但主要是继承、发扬了先秦儒家的学说。但是还应该承认，佛学已经成为中国文化的一个方面，然而这无损于中国文化的独立性格，因为中国佛教已经接受中国本土思想的熏陶而被熔铸在中国传统文化之中了。

中国佛教的情况，说明中华民族善于吸收、采纳并改造外来的文化。

>>> 先秦时期的艺术，如商周的青铜器、春秋时代的编钟，其精美的程度至今犹令人赞叹。先秦和西汉文化充分表现了中华民族的创造力。图为清代的青铜器拓片。

明代后期西方传教士来华，带来了西方的自然科学知识。一部分士大夫接受了西方的宗教和科学。清初的康熙很重视西学，但雍正却阻塞了西学传播的道路。明末清初的西学东传没有开花结果。鸦片战争以后，西学再次东渐。西方近代资产阶级的自然科学、政治学说和哲学思想不断输入进来。在西方和日本的帝国主义势力侵略之下，中华民族陷入了空前的民族危机。事实证明，固执于传统思想决不能拯救国家的衰败，模仿西方资产阶级的方案亦无助于解除民族的危机。在西方进步思潮的影响下，马克思主义在中国传播开来。事实证明，唯有马克思主义才指明了中国前进的道路。新中国成立，马克思主义成为中国人民的指导思想。中国文化的发展也进入一个新的阶段。在马克思主义普遍真理的指导下，如何认识和改造中国传统文化，如何吸取和鉴别西方近现代的科学知识与哲学思想，是我们当前面临的艰巨任务。

就中国文化从古到今发展演变的情况来看，中国的民族文化表现了三个特点：第一，创造性；第二，延续性；第三，兼容性。中国古代文化是独立发展的，表现出中华民族的创造力。中国文化从上古时代以来延续不绝，虽然经历了时盛时衰的曲折过程，但始终没有中断。中华民族能够吸取外来文化，从不拒绝外来文化，能使外来学术与固有传统融合起来。

中国文化在明代以前，本居于世界文化的前列。但是，16世纪以来，西方的科学和哲学都突飞猛进，创造出前所未有的丰富成果。而中国则踏步不前，远远落后了。中国明、清时期的文化，虽然也有所前进，但与西方比起来，却表现了迟缓性。现在必须急起直追，这是非常紧迫的任务。我们努力进行现代化建设，意即在此。

## 第二节

## 中国文化的思想基础

文化的范围很广,其中包括哲学、宗教、科学、技术、文学、艺术、教育以及生活方式,等等。在这广泛的范围中,起主导作用的是哲学。哲学是自然知识与社会知识的概括和总结,每一时代的自然科学和文学艺术莫不受哲学思想的影响。宗教和哲学更有密切的联系,宗教之中必须包含哲学观点。有的哲学表现为宗教的附庸,有的哲学则表现为宗教的批判。哲学可以说是文化总体的指导思想,也可以说是文化发展的思想基础。

中国古代哲学是中国古代文化的思想基础。

先秦时期,儒、墨并称显学。道家之学是隐士的思想,虽非显学,却也有广泛的影响。法家的政治学说在当时也起了实际的作用。汉代"罢黜百家、独尊儒术",从此儒学居于统治地位,但道家学说仍流传不绝,法家的部分思想被吸收在儒学之中。唯有墨家之学中绝了。后来佛教传入,又出现了道教。哲学学派的分合消长的基本情况是:两汉、魏晋时期——儒、道交融,墨学中绝;唐、宋、元、明时期——三教并行,儒学居首。

哲学的这种形势对于文化的发展产生了巨大的影响。现在就三个方面来讲哲学对文化发展的影响。

# 一 天人观

中国古代哲学可以称为"天人之学"。"天人之际"是中国哲学的总问题，此即人与自然的相互关系。文化即自然状况的改造，所以，人与自然的关系问题也是关于文化方向的根本问题。关于天人观，中国哲学中存在着两种对立的观点：一为天人合一，二为天人交胜。天人合一的思想导源于孟子"知性则知天"的学说，肯定人性与天道是统一的。董仲舒宣扬所谓"人副天数""天人相类"，是天人合一的粗陋形式。到宋代，在张载、程颢、程颐的哲学中，天人合一才获得了比较明确的理论意义。张载的《西铭》以形象譬喻的形式表述了天人合一的观点，他说：

> 乾称父，坤称母；予兹藐焉，乃混然中处。故天地之塞，吾其体；天地之帅，吾其性。民，吾同胞；物，吾与也。

这就是说，人是天地生成的，天地犹如父母。充塞于天地之间的气，构成了天地的体，也构成我的身体；统率天地变化的是天地的本性，也是我的本性。人民是我的兄弟，万物是我的朋友。我与天地万物有统一的密切关系。这就是天人合一的主要含义。

荀子强调"明于天人之分"，刘禹锡提出"天与人交相胜"的学

>>> 哲学学派的分合消长的基本情况是：两汉、魏晋时期——儒、道交融，墨学中绝；唐、宋、元、明时期——三教并行，儒学居首。图为唐代阎立本《孔子弟子像卷》。

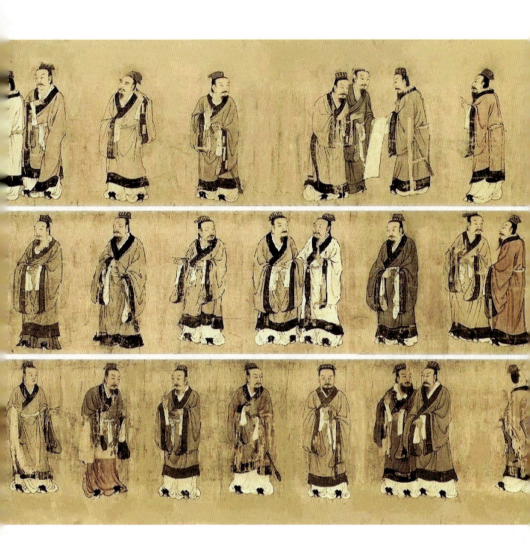

>>> 到宋代,在张载、程颢、程颐的哲学中,天人合一才获得了比较明确的理论意义。图为清代孙祜《雪景故事册·程门立雪》。

说，具有深刻意义，但没发生广泛影响。在宋、元、明、清哲学中占主导的正是天人合一的思想。

张、程的天人合一学说含有复杂的意义，至少包含三项意义：第一，人是自然界的一部分，是自然界所产生的；第二，人必须遵循自然界的普遍规律，自然界的普遍规律与人的道德原则是一致的；第三，人生的理想是天人和谐，人与万物应该"并育而不相害"。近代西方有一个流行的观点，认为原始人的思想是物我不分，人还没有把自己与自然界区分开来；到了文明时代，人才把自己与自然界区分开，这标志着人的自觉。这种看法是基本正确的。但是，应该注意，如果把中国哲学中所谓天人合一与原始社会的物我不分混为一谈，就大错特错了。中国哲学的所谓天人合一是经过区分物我之后，对人与自然的统一重新肯定，也就是在承认人与自然的区别之后重新肯定人与自然的统一。原始的物我不分是原始的肯定，承认人与自然界的区分是对于原始思想的否定；在承认人与自然的相对区别的基础上重新肯定人与自然的统一，应是否定之否定。张、程两家都认为理解天人合一才是人的自觉，这是有一定理由的。但是，张、程都把自然的普遍规律与人的道德原则混为一谈，就陷于失误了。

西方近代强调战胜自然，把自然看作敌对的力量，其结果出现了破坏生态平衡的偏弊。中国哲学强调天人合一，在改造自然方面效果不大，在保持生态平衡上却有重要意义。

## 二 价值观

　　中国哲学中与文化发展关系最密切的，是关于价值的思想学说。古代虽没有价值观的名称，却有关于价值的学说。儒家强调道德的价值，孔子说："君子义以为上"（《论语·阳货》），"好仁者无以尚之"（同上书，《里仁》），就是认为道德是至高无上的，人们为了实现道德理想可以牺牲生命，"志士仁人，无求生以害仁，有杀身以成仁"（同上书，《卫灵公》）。孟子更明确肯定人人都具有自己的价值，"人人有贵于己者"（《孟子·告子上》），他认为这固有的价值是天赋的，是别人不能剥夺的。而这固有价值的内容就是"仁义忠信、乐善不倦"的品德。荀子虽然不承认道德是天赋的，但也肯定人的价值在于"有义"，"人有气、有生、有知，亦且有义，故最为天下贵也。"（《荀子·王制》）。儒家的观点可称为道德至上论。墨家强调"天下之大利"，"国家百姓人民之利"，认为公共利益是最高的价值，道德的最高准则就是天下之大利："仁人之所以为事者，必兴天下之利，除去天下之害，以此为事者也。"（《墨子·兼爱中》）墨家的观点可称为公利至上论。道家强调价值的相对性，认为儒、墨所讲的仁义都只有相对的价值。《庄子》宣称"以道观之，物无贵贱；以物观之，自贵而相贱"（《庄子·秋水》），认为价值差别只是主观的偏见。道家的观点可称为相对价值论。法家与儒家相反，完全否认道德的价值，韩非说："夫严家无悍虏，而慈母有败子。吾以此知威势之可以禁暴，而德厚之不足以止乱也。"（《韩非子·显学》）他专讲严刑峻法的效

# 孟母三遷

孟子之母仉姓嘗三遷其居以教孟子孟子嚴學母斷其織孟子懼旦夕勤學遂成名儒著有孟子七篇其說尊王賤霸重仁義輕功利創性善之說謂人皆可以為堯舜後世稱為亞聖言亞於孔子也

顧城

>>> 孟子更明确肯定人人都具有自己的价值，"人人有贵于己者"（《孟子·告子上》），他认为这固有的价值是天赋的，是别人不能剥夺的。图为近代顾城《孟母三迁》。

用，否认道德教育的功能，"吾以是明仁义爱惠之不足用，而严刑重罚之可以治国也"（同上书，《奸劫弑臣》）。这种观点可称为道德无用论。

秦朝用法家的学说，兼并了六国，但统一六国之后，不久即陷于崩溃，证明法家思想不足以维持长治久安。汉代"独尊儒术"，自两汉至明、清，儒家的价值观占有统治地位，成为中国传统文化的主导思想。儒家反对追求个人私利，强调道德理想高于物质利益，这对于精神文明的发展起了积极的推动作用。儒家虽然没有排斥公共利益，但也不重视道德理想与公共利益的必然联系，其结果未免脱离实际，陷于空疏。这种倾向在宋明理学中更明显地表现出来。

儒家还宣扬"和为贵"（《论语·学而》），以和谐为价值的最高标准。中国古代哲学中所谓"和"有两层意义：第一，西周末年史伯云"以他平他谓之和"（《国语·郑语》），以他平他即会合不同的事物而达到平衡，即多样性的统一；第二，汉初贾谊云"刚柔得道谓之和，反和为乖"（《贾子·道术》），"和"即相互顺应，不相冲突，一般所谓调和、和顺，都是此义。第一层意义强调必须包容不同的方面，第二层意义强调不同方面必须相互顺应、避免冲突。两层意义的"和为贵"，对于中国文化的发展都有深刻影响。

## 三　思维方式

在思维方式方面，中西之间是否有根本差异呢？我认为，人类的思维方式，不同民族之间，既有共同性，又有差异性。应该说是异中有同，同中有异。西方古代，形式逻辑比较发达，亚里士多德已提出比较完整的形式逻辑体系。中国古代也有形式逻辑，但远不如古希腊的精密完整。西方古代已提出辩证法，中国古代的辩证思维却较西方古代为发达，《老子》《易传》的辩证法已达到较高水平。但到近代，德国哲学的辩证法又远远超过中国。如果说中国古代哲学表现了具有独特风格的思维方式，那就是中国的辩证思维。

中国古代的辩证思维属于理论思维，其中包含抽象思维。过去有人认为中国哲学缺乏抽象思维，那是根本错误的。中国古代哲学有自己的一套概念范畴，有些概念范畴具有深刻而丰富的含义，虽然不易理解，但不失其明确性，如何能说中国古代缺乏抽象思维呢？中国的抽象思维与西方的抽象思维有所不同而已。中国传统的思维方式，确有自己的特点，这主要表现为两种基本观点：一为总体观点，二为对立统一观点。儒、道两家都注重从总体来观察事物，重视事物之间的联系。《易传》宣扬"见天下之动，而观其会通"，就是强调总体观点。老子、孔子都重视观察事物的对立方面及其相互转化。孔子讲"叩其两端"，老子讲"万物负阴而抱阳""反者道之动"，《易传》更提出"一阴一阳之谓道"。这都是深刻的辩证观点。到宋代，张载宣称"两不立则一不可见，一不可见则两之用息"，明确提出了对立统一的普遍规律。王夫之哲学中更充满了辩证思维。在中国医学理论中，辩证思维有突出的表现，显示了哲学观点在自然科学中的运用。

天人合一的天人观、以为道德理想高于物质利益的价值观、辩证的思维方式，可以说是中国传统文化最主要的思想基础。

>>> 老子、孔子都重视观察事物的对立方面及其相互转化。孔子讲"叩其两端",老子讲"万物负阴而抱阳""反者道之动",《易传》更提出"一阴一阳之谓道"。图为宋代李公麟《老子授经图》。

## 道德經

### 體道

道可道非常道名可名非常名無名天地之始有名萬物之母故常無欲以觀其妙常有欲以觀其徼此兩者同出而異名同謂之玄玄之又玄眾妙之門

### 養身

天下皆知美之為美斯惡已皆知善之為善斯不善已故有無相生難易相成長短相形高下相傾音聲相和前後相隨是以聖人處無為之事行不言之教萬物作焉而不辭生而不有為而不恃功成而弗居夫唯弗居是以不去

### 安民

不尚賢使民不爭不貴難得之貨使民不為盜不見可欲使民心不亂是以聖人之治虛其心實其腹弱其志強其骨常使民無知無欲使夫智者不敢為也為無為則無不治

### 無源

道沖而用之或不盈淵兮似萬物之宗挫其銳解其紛和其光同其塵湛兮似或存吾不知誰之子象帝之先

### 虛用

天地不仁以萬物為芻狗聖人不仁以百姓為芻狗天地之間其猶橐籥乎虛而不屈動而愈出多言數窮不如守中

### 成象

谷神不死是謂玄牝玄牝之門是謂天地根綿綿若存用之不勤

### 韜光

天長地久天地所以能長且久者以其不自生故能長生是以聖人後其身而身先外其身而身存非以其無私邪故能成其私

### 易性

上善若水水善利萬物而不爭處眾人之所惡故幾於道居善地心善淵與善仁言善信正善治事善能動善時夫唯不爭故無尤

### 運夷

持而盈之不如其已揣而銳之不可長保金玉滿堂莫之能守富貴而驕自遺其咎功遂身退天之道

### 能為

載營魄抱一能無離乎專氣致柔能嬰兒乎滌除玄覽能無疵乎愛民治國能無知乎天門開闔能無雌乎明白四達能無為乎生之畜之生而不有為而不恃長而不宰是謂玄德

## 第三节

## 中国文化的基本精神与主要偏向

中国文化的形成和演变有其经济、政治的背景。姑且不论文化与经济、政治的关系,就文化本身来看,文化的各方面可以说体现了哲学的主导作用。在民族哲学中占主导地位的观点,在文化的发展中也起统率的作用。在中国封建时代,儒学占统治地位,于是儒学的长处和短处、优点和缺点,也导致了中国文化的长处和短处、优点和缺点。

当然,这里也存在着交互作用。

中国文化持续发展,已有数千年之久,延续不绝,虽有时衰微而却可以复盛,必然有其不断发展的精神支柱。这精神支柱可以称为中国文化的基本精神。这里所谓的精神,指文化发展的内在源泉。我认为,中国文化的基本精神来自儒家哲学,来自儒家所提倡的积极有为、奋发向上的思想态度。孔子自称"发愤忘食、乐以忘忧",重视"刚毅",表现了积极有为的态度。这种思想在《易传》中有进一步的发展。《易传》提出"刚健"观念,又提出"天行健,君子以自强不息"的著名命题。"健",即运行不止,亦即刚强不屈之意。"自强不息"即主动地努力向上、绝不懈怠。这包含勉力向前、坚忍不拔的意义。我们现在经过考证,确定《易传》是战国时代的作品,但在汉、魏至明、清,多数学者都认为《易传》是孔子的著作。《易传》在过去是以孔子手笔的名义发生影响的。这种"刚健""自强"的思想在两千多年的长时期中激励着正直人士奋发向上,努力前进,不屈服于恶势力,坚持与外来的压迫斗争。历史上,坚持反对不法权贵的忠直之士,尽力抵抗外来侵略的民族英雄,孜孜不倦探索真理的思想家、科学家,致力于移风易俗的文学家、艺术家,都体现了"自强不息"的刚健精神。

过去有一种说法,以为中国文化是主静的,西方文化是主动的,以主静与主动作为中西文化的主要区别。我认为,这种观点是片面的,不能反映全面的实际情况。主静是道家的思想,虽然有广泛的影响,但还没有占主导地位。《易传》云"动静不失其时,其道光明"(《易传·艮彖》),这是儒家的态度。宋儒周敦颐吸取道家观点,宣扬主静,但后来程、朱、陆、王都讲"动静合一",反对专门主静。

后来王夫之、颜元更强调动的重要。如果认为中国文化是静的文化,那是缺乏充分理由的。

儒家宣扬"自强不息",对于中国文化的发展确实具有重要的积极意义。但是儒家思想也表现了一定的偏向,最显著的一点是儒家把德与力对立起来,看不到德与力的密切联系。孔子曾说:"骥不称其力,称其德也。"(《论语·宪问》)事实上,千里马之所以为千里马,不但在于其性情温良,也在于其日行千里的力量。孟子以"以德服人"与"以力服人"为王与霸的区别,事实上他所推崇的商汤、周文

>>> 宋儒周敦颐吸取道家观点,宣扬主静,但后来程、朱、陆、王都讲"动静合一",反对专门主静。图为元代佚名《莲舟新月图》。

不但有德，而且有力。与儒家相反，法家韩非又菲薄道德，专门强调"气力"。王充提出兼重德力之说，但没有引起人们的注意。道德的提高是重要的，力量的培养也是重要的。人是生物，在提高道德修养的同时，也必须充实生命力，增进改造客观世界的物质力量。如果没有充足的物质力量作为基础，仅仅高谈道德境界的提高，将成为不切实际的空论。中国传统文化在儒学所表现的偏向的影响下，忽视生命力的培育，这不能不说是一个严重的欠缺。

中国文化本来居于世界文化的前列。但是到了15世纪至16世纪，西方文化突飞猛进，西方科学技术迅速发展，中国落后了。我们的民族没有产生出自己的哥白尼、培根、伽利略那样的近代实证科学奠基人。这既有物质的原因，也有思想的根源。这和儒家哲学既不重视实际的观测，又不鼓励精密的分析，是有一定联系的。我们不但要学习近代西方的科学知识，更要学习近代西方实证科学的观测方法和分析方法。

## 第四节
## 中国文化发展的方向

我们的历史任务是建设社会主义新文化。社会主义新文化既不同于中国古代的封建文化,也不同于近代西方的资本主义文化。从社会制度来说,我们已经超过西方,但是我们的生产力、科学技术还很落后,所以要努力进行现代化建设。对于中国旧有的封建文化和西方现仍存在的资本主义文化,应如何看待呢?

首先应明确的是,社会主义文化应以马克思主义的普遍真理为指导原则,这是确定不移的。但是,马克思主义并不排斥封建时代和资本主义时代所有对于人类文明的贡献。列宁说:"无产阶级文化应当是人类在资本主义社会、地主社会和官僚社会压迫下创造出来的全部知识合乎规律的发展。"(见《列宁选集》第4卷,北京:人民出版社,1972年第1版,第348页)又说:"只有用人类创造的全部知识财富来丰富自己的头脑,才能成为共产主义者。"(同上)列宁为我们指明了创造社会主义文化的唯一正确的道路。

中国文化发展的前途,既不可能是固有封建文化的继续,也不可能是西方资产阶级文化的移植,只能是社会主义文化的创造。在创造社会主义文化的过程中，必须考察、分析、批判继承固有的传统文化遗产，也必须考察、分析、选择、吸取西方的文化成就。拒绝继承历史遗产是狂妄无知的表现，拒绝吸取国外的先进文化成就也是愚昧落后的态度。

最重要的还是在前人成就的基础上努力创新。

中华民族是富于创造力的民族，在建设社会主义新文化的事业中必能发挥出巨大的创造力。

第二章

# 中国文化传统与民族精神

每一个伟大的民族都有其一定的文化传统。中华民族的文化是世界文化中的一个具有显著特色的典型,在历史上曾经放出灿烂的光辉。但到了近代,中国传统文化与西方近代文化相比,显然落后了。现在中华民族面临的历史课题是急起直追,赶上西方前进的步伐。为此,首先要对传统文化进行反思。

## 第一节

## 民族文化的延续与变革

中国文化,在几千年延续发展的过程中,已经历过多次的变革。春秋、战国时期是中国文化辉煌发展的时期,诸子并起,百家争鸣,学术成就可与古希腊媲美。两汉时期,医学、天文学有高度发展。魏晋时期,玄学兴起;隋唐时期,佛学鼎盛:抽象的理论思维都超过了前代。到宋代,科学、艺术都达到了新的高度,哲学思想亦更加邃密,出现了比较完整的理论体系。明、清时期,中国文化仍在原来轨道上缓慢地前进,而西方却开辟了一个空前的新时代,中华民族瞠乎其后了。

事实上,革故鼎新就能前进,因循守旧必然落后。现在,中国传统文化正在经历一个舍旧创新的转变过程。中国传统文化是否需要全盘抛弃呢?如果全盘排除传统文化,后果又将如何呢?中国传统中是否也包含继续前进的内在根据?中华民族今日将何以自立于世界文化之林?这些都是必须考虑的严肃问题。

世界近代史证明,如果一个民族完全遗忘了自己的过去,必将失去自己的民族独立性而沦为别的民族的附庸,将甘受别的民族的

>>> 中国文化,在几千年延续发展的过程中,已经历过多次的变革。春秋、战国时期是中国文化辉煌发展的时期,诸子并起,百家争鸣,学术成就可与古希腊比美。两汉时期,医学、天文学有高度发展。图为现代雕塑《刮骨疗毒》。

奴役。这是世界近代史提供的惨痛的经验教训。鸦片战争以来，中国遭受了列强的武力侵略，顽固的守旧派遏制了革新的生机，人民奋起抵抗外来的侵略。如果传统文化中没有孕育着进步的契机，中国人民的发愤图强的坚忍力量将何所依据呢？过去顽固派的妄自尊大是可笑的，如果转而妄自菲薄，也是没有前途的。

## 第二节

## 民族习性与民族精神

古人尝说"国有与立",一个国家必有足以立国的基础。中华民族屹立于世界东方,延续发展了几千年,必然有其足以自立的思想基础。

近三百多年来,中国落后了,这也不是偶然的,必有其一定的原因。正确认识民族延续发展的内在基础,正确了解民族迟缓落后的基本原因,是今天的理论工作者的重要任务之一。

20世纪20年代,很多人研讨如何改造国民性的问题,意在考察中国落后的根源。这无疑是必要的。于是揭出了国民的一些劣根性,如愚昧、散漫、奴性、盲从之类。事实上,这些都是在小农经济的基础之上、在专制政治的压迫之下千百年来养成的习性。习性不是遗传性,而是世代养成的习惯。

民族的习性是否就是这些呢?

在中国历史上,屡次发生反对外来侵略的斗争,更屡次出现反对统治者暴政的斗争。这些不能说是奴性盲从的表现,而是反对压迫、反对奴役的英勇斗争。应该承认,中国人民有一个争取自由、争

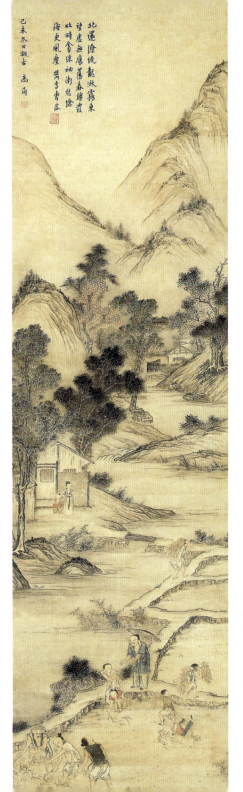

>>> 事实上,这些都是在小农经济的基础之上、在专制政治的压迫之下千百年来养成的习性。习性不是遗传性,而是世代养成的习惯。图为清代高简(款)《农桑图》。

取人格尊严的传统。如果认为中国人民仅只具有一些劣根性，那是没有根据的。

谈论国民性，不能不涉及古代哲学思想。哲学思想根植于民族习性的土壤中，又能起一定的陶铸民族习性的作用。在哲学思想的领域中，从汉代以后，直至辛亥革命，儒学占有统治地位，而道家思想也流传不绝；南北朝、隋唐时期，佛教亦发挥了广泛的影响，但在社会上起主导作用的还是儒家学说。儒学鼓吹"三纲""五伦"，"三纲"是"君为臣纲、父为子纲、夫为妻纲"，"五伦"是君臣、父子、夫妇、兄弟、朋友。在封建时代，"三纲"之说确实是束缚人民的精神枷锁，随着专制主义的加强，强调臣对于君、子对于父、妻对于夫的绝对服从，斫丧了人民活动的生机。儒学宣扬的"三纲"之说，确实是阻碍社会进步的沉重枷锁。但是，历史究竟前进了，辛亥革命打破了"君为臣纲"，五四运动批判了父权和夫权，但是旧思想仍有一定影响。个人崇拜实际上是变相的"君为臣纲"。家长制作风、重男轻女的旧观念尚待消除。

儒家是否只讲"三纲""五伦"呢？那又不然。孔子维护君权，但是不赞同个人独裁，以为国君如果要求"言莫予违"，就会有亡国的危险；更反对暴政，宣称"苛政猛于虎"。孔子肯定人人都有独立的意志，断言"三军可夺帅也，匹夫不可夺志也"。孟子更提出"天爵""良贵"之说，认为人人都有自己的内在价值，这价值即在于道德自觉性。孟子宣扬大丈夫的标准是"富贵不能淫，贫贱不能移，威武不能屈"，这对于广大人民，特别是对于知识分子，树立了激励人心的榜样。不可否认，儒家这一方面的思想，对于中华民族的精神发展，确实起过积极的作用。实事求是地讲，儒家学说中，除"三纲""五伦"之外，也还有一些具有积极意义的观点。

在一个民族的精神发展中，总有一些思想观念，受到人们的尊崇，成为生活行动的最高指导原则。这种最高指导原则是多数人民所信奉的，能够激励人心，在民族的精神发展中起着主导的作用。这可以称为民族文化的主导思想，亦可简称为民族精神。

民族精神必须具备两个条件：一是有比较广泛的影响；二是能激励人们前进，有促进社会发展的作用。一个民族应该对于自己的民族精神有比较明确的自我认识。

## 第三节

## "自强不息""厚德载物"

有哪些思想可以称为中国人民的民族精神呢？我认为，中国的民族精神基本上凝结于《周易大传》的两句名言之中。这就是："天行健，君子以自强不息"；"地势坤，君子以厚德载物"。在汉代以来的两千多年中，《周易大传》被认为是孔子的著作，因而具有最高的权威，所以这些名言影响广远。广大的劳动人民也具有发愤图强的传统，与《易传》的名言也不无联系。

《易传》虽非孔子所著，但确实是孔学的发展。孔子赞扬"刚毅"，曾子提倡"宏毅"，《中庸》有云：

> 博学之，审问之，慎思之，明辨之，笃行之。有弗学，学之弗能弗措也；有弗问，问之弗知弗措也；有弗思，思之弗得弗措也；有弗辨，辨之弗明弗措也；有弗行，行之弗笃弗措也。人一能之己百之，人十能之己千之。果能此道矣，虽愚必明，虽柔必强。

这就是自强不息精神的体现。《周易集解》引干宝云：

> 凡勉强以进德，不必须在位也。故尧舜一日万机，文王日昃不暇食，仲尼终夜不寝，颜子欲罢不能，自此以下莫敢淫心舍力，故曰自强不息矣。

后世的有志之士，致力于事业学问，亦莫不尽心竭力，昼夜不懈。这正是中国传统文化延续发展的思想源泉。

"厚德载物"即以宽厚之德包容万物，这与"和同之辨"有一定联系。西周末年史伯区别了和与同，他说：

> 夫和实生物，同则不继。以他平他谓之和，故能丰长而物归之，若以同裨同，尽乃弃矣。（《国语·郑语》）

所谓"和"即包容不同的事物而保持一定的平衡。孔子亦说："君子和而不同。"（《论语·子路》）

"厚德载物"有兼容并包之意，这对于文化发展是非常必要的。在历史上，中国能接受外来文化。佛教东来，被中国人民所容纳；明末西学东传，亦曾受到中国知识分子的重视。清末顽固派拒绝西学，事实上是违背了中国文化兼容并包的基本精神。

我们说"自强不息""厚德载物"是中国文化传统的基本精神，并不是说对于这些问题没有意见分歧，也不是说历史上任何人都能表现这种精神。历史上，每次外族入侵，广大群众奋起反抗，但是总有不少卖国求荣、引狼入室的投降派。在封建时代，奸相佞臣、贪官污吏，更是充满了史册。我们只是说，在传统思想中，广泛流传而又具有推动文化发展的积极作用的，是《周易大传》的"自强不息""厚德载物"的精湛思想。这些思想激励着人们奋发向上，不断前进。

>>> "厚德载物"有兼容并包之意,这对于文化发展是非常必要的。在历史上,中国能接受外来文化。佛教东来,被中国人民所容纳;明末西学东传,亦曾受到中国知识分子的重视。图为明代丁云鹏《白马驮经图》。

## 第四节

## "中庸"辨析

以前曾经有一种比较流行的见解,认为中国文化的基本精神是"中庸"。对于这个问题,应略加辨析。

"中庸"观念是孔子提出的,他说:"中庸之为德也,其至矣乎!民鲜久矣。"(《论语·雍也》)对于中庸的含义无所解释。但是说"中庸之为德",而不是说"中庸之为道",足证中庸是指一种修养境界,而不仅是指一种抽象原则。孔子又说:"不得中行而与之,必也狂狷乎!狂者进取,狷者有所不为也。"(同上书,《子路》)"中行"是较高的品德,应与中庸同义。孟子说:"孔子'不得中道而与之,必也狂狷乎!狂者进取,狷者有所不为也'。"(《孟子·尽心下》)不说"中行"而说"中道","中行""中道",当是同一意义。总之,"中庸""中行""中道",应具有同一含义,指高于狂狷的修养境界。

《中庸》篇有云:"舜其大知也与!舜好问而好察迩言,隐恶而扬善,执其两端,用其中于民,其斯以为舜乎!"所谓"执两""用中"应即对于中庸的解释。《说文》:"庸,用也。"中庸即用中,指随时运用中的原则,处事恰如其分。孔子尝说:"过犹不及。"(《论语·先

>>>《中庸》篇有云:"舜其大知也与!舜好问而好察迩言,隐恶而扬善,执其两端,用其中于民,其斯以为舜乎!"所谓执两用中应即对于中庸的解释。图为明代仇英《帝王道统万年图册·帝舜凤仪麟舞图》。

进》)后儒解释中庸为"无过无不及",是正确的。

"中庸"观念包含一种认识,即许多事情都有一定限度,超过了这个限度,就和没有达到这个限度一样。这就是"过犹不及"。有些事情,确实如此。如饮食、衣着以及睡眠之类,确实是"过犹不及"。但是,许多事情的限度是随时代的演进而改变的。例如所谓"君臣之义",过去认为是必须遵守、不可逾越的。但是近代西方资产阶级打倒了君权,使人类历史大大前进了一步。又如中国封建时代排斥所谓奇技淫巧,阻碍了自然科学的进展;近代西方实证科学长足进步,技术远远超过了前代,促进了文化的高度发展。在历史上,在一定的范围内,超越传统的限度,往往可以实现巨大的飞跃。如果固守"过犹不及"的中道,就不可能大步前进了。因此,中庸观念,虽然在过去曾经广泛流传,但是实际上不能起推动文化发展的作用。所以,我以为,不能把中庸看作中国文化的基本精神。

近代西方国家都宣扬自己的民族精神。如法国人民宣扬法兰西精神,德国人民提倡日耳曼精神,等等。中华民族必有作为民族文化的指导原则的中华精神。古往今来,这个精神得到发扬,文化就进步;这个精神得不到发扬,文化就落后。正确认识这个民族精神之所在,是非常必要的。

第三章

# 中国传统文化的发展演变及发展规律

所谓"文化"有广义、狭义之分。最广义的文化指人类所创造的一切,考古学所谓"史前文化"指最广义的文化而言。最狭义的文化专指文学艺术,这即"文化部"所谓文化。一般意义的文化指与经济、政治有区别的意识形态及其物质化的成果,包括哲学、宗教、科学、技术、文学、艺术。哲学存载于哲学典籍之中,宗教有其经典、寺院和仪式,科学有其仪器及书册,文学有其作品,艺术更表现为书法、绘画、乐器以及建筑、雕刻等,都有其物质载体。这些都是文化的内容。物质载体是凝固的,其中涵蕴的精神和意义却需要正确的理解。本章所谓文化指包括哲学宗教、科学技术以及文学艺术的文化。中国传统文化包括中国传统的哲学宗教、科学技术和文学艺术。

文化的内容是广泛的、复杂的,其中哲学宗教、科学技术与文学艺术属于不同的层次。在广泛而复杂的文化体系中,哲学和宗教居于主导地位。哲学是世界观,科学技术与文学艺术在一般情况下都是在有意或无意中受到哲学思想的影响,当然也会对于哲学思想的发展起一定的作用。我对于科学技术史和文学艺术史都没有专门的研究,不敢强不知以为知,所以本节的论述以传统的哲学思想为主。因此,本章只是一个"以管窥天"的初步尝试而已。

## 第一节

## 中国文化的形成

中国文化起于何时？目前史学家尚无定论。《周易·系辞下传》说：

> 古者包牺氏之王天下也，仰则观象于天，俯则观法于地，观鸟兽之文与地之宜，近取诸身，远取诸物，于是始作八卦，以通神明之德，以类万物之情，作结绳而为网罟，以佃以渔。……包牺氏没，神农氏作，斫木为耜，揉木为耒，耒耨之利，以教天下……日中为市，致天下之民，聚天下之货，交易而退，各得其所。……神农氏没，黄帝、尧、舜氏作，通其变，使民不倦……垂衣裳而天下治。

这是《周易大传》作者的远古文化起源论。司马迁作《史记》，"自黄帝始"。汉代以后，关于"三皇五帝"的传说很多。五四运动以后，20年代至30年代，国内出现了疑古思潮，对于传说的"三皇五帝"一概持否定态度，认为伏羲、神农、黄帝、尧、舜都是神话人物，实际并无其人，甚至也否认了大禹治水的历史真实性。由于甲骨文的发现，商代的历史总算肯定下来了，夏代仍在怀疑之列。但是近

>>> 司马迁作《史记》,"自黄帝始"。汉代以后,关于"三皇五帝"的传说很多。图为唐代雕塑中的"三皇五帝"。

几十年的考古发现，证明中国确有很长的历史，中华民族的历史不是缩短了，而是伸长了。夏代的真实性已逐渐肯定下来。我认为伏羲、神农、黄帝虽然是传说人物，也未必全无事实根据。伏羲指畜牧时代的代表人物，神农指农耕时代的代表人物，黄帝指发明了宫室衣裳的时代的代表人物。尧、舜、禹是春秋战国时期儒、墨、道、法诸家学者共同承认的，未必出于人们的臆造。近来中国古代神话的研究者认为尧、舜本是神话人物，后来转化而为历史人物，是神的人化。我则认为，从先秦诸子的记述来看，尧、舜、禹本来是历史人物，后来《山海经》等把舜、禹转化为神，毋宁是人的神化。汉代纬书也曾经将孔子神化，幸而《论语》《左传》《史记》都保存了关于孔子的记载，孔子还是被还原为人。我认为，在殷周以前，中华民族（当时称为华夏族）已有长久的历史，这是应该充分肯定的。

商代宗教和艺术已相当发展，保存至今的商代青铜器的精美，犹令人赞叹。商代的甲骨文表明当时文字已很繁富。《尚书·周书·多士》记述周公说："惟殷先人，有册有典。"这表明商代已有典籍，但都失传了。孔子说："夏礼吾能言之，杞不足征也；殷礼吾能言之，宋不足征也。文献不足故也，足则吾能征之矣。"（《论语·八佾》）

孔子已叹夏、商之礼"文献不足"，今日更难考其详情了。甲骨文提供了商代史迹的一些证据，但仍然是不完备的。

《尚书》的《洪范》篇，传本列在《周书》，《左传》记述春秋时期士大夫的对话，其中引用《洪范》中的文句，却称为《商书》。20年代有人怀疑《洪范》是战国的作品，但《左传》中记述春秋时卿大夫已引用《洪范》的文句，足证在春秋时《洪范》已是公认的典籍,不是后人依托。(郭沫若先生认为《洪范》是孔子之孙子思所作,更是主观臆断。)《洪范》是中国上古时代第一篇有系统的理论文章。《洪范》提出"五行""五事"之说:

> 一、五行:一曰水,二曰火,三曰木,四曰金,五曰土。……二、五事:一曰貌,二曰言,三曰视,四曰听,五曰思。

"五行"是关于自然事物的类别,"五事"是关于人的认识的初步分析。

《周易》古经可能是西周初年的作品。《周易·系辞下传》说:"《易》之兴也,其当殷之末世、周之盛德邪?当文王与纣之事邪?"从《周易》引述了一些周初的故事而没有引述其后的故事来推测,《周易》应是西周初年编成的。(有人认为《周易》出于战国,也是无据之说。)《周易》提出了六十四卦的完整体系,含有对立统一的辩证观点。

孔子赞美周代文化:"周监于二代,郁郁乎文哉!"(同上)从《尚书·周书》的记载来看,周公旦确是文化史上一个重要人物,他提出"敬德保民"的思想,对于以后儒家有深远的影响。要之,殷、周时代是中国传统文化形成的时期。

西周末年,伯阳父提出"天地之气"的观念,史伯提出"和实生物、同时不继"的命题(近人或谓伯阳父与史伯是一个人,但尚无确据),表明西周末年哲学思想已达到一定的水平。

孔子是中国文化史上一个承前启后的文化巨人。孔子生于纪元前551年，到现在已两千五百多年。孔子以前的中国历史也已有两千五百多年了。韩非说："殷、周七百余岁，虞、夏两千余岁。"（《韩非子·显学》）表明春秋战国以前，华夏族已经有两千多年的发展过程。孔子的伟大贡献是兴办民间教育，把"学在官府"的文化传授给一般平民，从而促进了文化学术的发展。孔子总结了夏、商、周三代的文化成就而提出了自己的一贯之道，这一贯之道即是"仁"，仁的主要含义是"己欲立而立人，己欲达而达人"，即自己要求"立""达"，也协助别人"立""达"，既肯定自己，也承认别人。孔子以此为道德的最高原则。孔子总结了自古以来的生活经验，提出了最高的道德原则，而对自古以来的原始宗教不感兴趣。他宣称："务民之义，敬鬼神而远之，可谓知矣。"（《论语·雍也》）他不谈死的问题，不谈鬼神。这种"务民义远鬼神"的思想态度，对于尔后中国文化的发展有深远的影响。

与孔子同时而年辈稍长的是老子。他写出了中国第一部哲学著作《老子》。《老子》提出了中国第一个本体论学说。以往人们都认为天地是最根本的，《老子》认为天地不是最根本的，还有比天地更根本的，即是"道"。"道"是天地万物的最高本原。所谓道就是自然世界的普遍规律。《吕氏春秋·当染》有"孔子学于老聃"的记载，《礼记·曾子问》叙述了孔子问礼于老聃的故事。但《老子》书有批评礼的文句，因此后来有人提出了《老子》的作者是否老聃的疑问。（这个疑问是北魏崔浩首先提出的。）20世纪30年代以来，许多史学家将《老子》一书列为战国时期的著作。但是，《论语》中记述了孔子对于"以德报怨"的批评，而"以德报怨"之说见于《老子》书

>>> 从《周易》引述了一些周初的故事而没有引述其后的故事来推测,《周易》应是西周初年编成的。周公旦确是文化史上一个重要人物,他提出"敬德保民"的思想,对于以后儒家有深远的影响。图为明代郭诩《周公演易》。

中。从《老子》全文看，有少数文句确定是出于战国（如"绝仁弃义"之类），大多文句亦无必然出于战国的明证。因此，近年多数史学家仍然肯定孔老同时的旧说。孔子与老子是春秋末期两个大思想家，双峰并峙，开辟了中国哲学思想的洪流。孔子是中国伦理学说的最大宗师，老子是中国自然哲学的最大宗师。

## 第二节

## 中国文化的发展

战国时代是中国文化大发展的时期,当时诸子并起,百家争鸣,最主要的有六大学派,即儒、墨、道、法、名、阴阳。儒家宗述孔子,其主要代表是孟、荀。墨家是战国初年墨子所创立的反对儒学的新学派,宣扬兼爱非攻、非乐非命,但保留了关于鬼神的宗教信仰。道家宗述老子,其主要代表是庄子。法家商鞅在秦国实行变法,富国强兵,后来韩非发展商鞅的学说。名家重视名辩的研究,主要代表有惠施、公孙龙。阴阳家以阴阳五行解说世界现象,主要代表是邹衍。

儒、墨当时并称"显学",《吕氏春秋》说:孔、墨"从属弥众,弟子弥丰,充满天下";"孔墨之后学,显荣于天下者众矣,不可胜数"(《当染》)。儒家的特点是宣扬"仁义",通习"六经","《诗》以道志,《书》以道事,《礼》以道行,《乐》以道和,《易》以道阴阳,《春秋》以道名分"(《庄子·天下》)。墨家的特点是宣扬"兼爱",而对于名辩(逻辑)、几何、物理学有较精深的研究,在中国逻辑史、科学史上做出了较大的贡献。道家是隐者之学,但也有广

齊景公問政孔子曰政在節財公說
欲封尼谿之田晏嬰進曰夫儒者
滑稽而不可軌法倨傲自順不可以
為下君欲用之以移齊俗非所以先
細民也後景公語孔子曰吾老矣不能
用也孔子遂行

贄曰
遲遲去魯　欹欹就齊
所希行道　可以濟時
用不可封　住不可奇
棲棲而行　富貴何有

>>> 儒、墨当时并称"显学",儒家的特点是宣扬"仁义",通习"六经"。图选自清代焦秉贞《圣迹图》。

泛的影响。道家长于抽象思维，对于本体论的问题进行较深的探索，而又表现了菲薄知识、排摈文化的倾向。孔子主张"博学于文"；墨子亦"好学而博"；老子则宣扬"绝圣弃知""绝巧弃利"；庄子指斥"文灭质、博溺心"，要求回到原始的"素朴"。老子、庄子的这些言论是对于当时的等级制度的抗议。法家富于实际政治经验，是在政治上占优势的学派。商鞅、吴起、韩非主张"以法治国"，确有重要的进步意义。但商鞅、韩非完全忽视道德教育的社会作用，排斥一切文化学术，就陷于偏谬了。唯有齐国一些推崇管仲的法家学者兼重法教，提出了比较全面的政治、经济理论。齐国的法家学者依托管仲，编撰《管子》一书，是先秦学术的一部重要文献。(《管子》一书是汉代刘向编定的，他是将以"管子"为题的论文编为一书，并不是将稷下学者的论著都收在内。近年有些史家认为《管子》是稷下著作的汇编，不合事实。)

先秦诸子表现了各自立说、展开争鸣的学风。《庄子·逍遥游》论述宋钘的态度说："宋荣子犹然笑之，且举世誉之而不加劝，举世非之而不加沮，定乎内外之分，辩乎荣辱之境。"作为自由思想家，坚持自己的独立见解，不随世俗的毁誉而改变自己的见解。《庄子·徐无鬼》记载庄子和惠子的对话云：

> 庄子曰："然则儒墨杨秉四，与夫子为五，果孰是邪？"……惠子曰："今夫儒墨杨秉，且方与我以辩，相拂以辞，相镇以声，而未始吾非也，则奚若矣？"

旧说公孙龙字子秉，实无确据，"秉"疑"宋"字之误，指宋钘而言。惠子的态度是"未始吾非"。事实上，不仅惠子如此，儒、墨、杨、宋亦莫不如此。

不但各学派之间展开辩论，而且同一学派中间更存在着不同的支派。韩非说：

> 自孔子之死也，有子张之儒，有子思之儒，有颜氏之儒，有孟氏之儒，有漆雕氏之儒，有仲良氏之儒，有孙氏之儒，有乐正氏之儒。自墨子之死也，有相里氏之墨，有相夫氏之墨，有邓陵氏之墨。故孔墨之后，儒分为八，墨离为三。(《韩非子·显学》)

这样，大的学派之内又有不同的支派，这充分显示了战国时期的学术自由。

在战国时期，天文学、算学、医学、农学也都有一定的发展，惜乎许多史料已经遗失了。《吕氏春秋》中保存了战国时期天文学、农学的一些资料。中医的经典《黄帝内经》可能是汉代编成的，其中许多基本观点可能起源于战国。

总之，春秋、战国时代是中国文化史上一个辉煌昌盛的时代。

>>> 《庄子·徐无鬼》记载庄子和惠子的对话云:"庄子曰:'然则儒墨杨秉四,与夫子为五,果孰是邪?'……惠子曰:'今夫儒墨杨秉,且方与我以辩,相拂以辞,相镇以声,而未始吾非也,则奚若矣?'"图为明代陈洪绶《十六隐·访庄》,描绘了庄子与惠子对话的情形。

## 第三节

## 中国文化的演变

秦始皇吞并六国,建立了统一的政权,听从李斯的建议,"焚书""坑儒",把《诗》《书》《史记》以及"百家言"都烧了。这是中国历史上第一次实行文化专制主义,是文化发展所遭遇的一次严重挫折。但秦朝在农民起义的冲击下迅速灭亡,证明秦朝"以法为教、以吏为师"的专制政策是行不通的。汉朝建立,采取了道家"与民休息"的政策,收到了显著的成效。但是道家之学,标榜"因循无为",不能适应文化武功进一步发展的要求,于是汉武帝采纳了董仲舒的建议,"罢黜百家、独尊儒术",开始了儒家经学占统治地位的"经学时代"。灿烂辉煌的春秋、战国"诸子时代"结束了。(春秋、战国时期应称为"诸子时代",史家有时称为"子学时代",不够恰当。"经学"是以"经"为研究对象,晚周诸子并非以"子"为研究对象,只应称为"诸子之学",不宜简单地称为"子学"。)春秋、战国时代思想活跃、学术繁荣的盛况消失了。

董仲舒建议"独尊儒术、罢黜百家",是为了实行"《春秋》大一统"的方针,保证当时中央集权的政治统一。这个建议的实施确实保证了政治上的统一,却是以牺牲学术繁荣为代价的。秦始皇焚书,对于中国文化的发展带来了惨重的后果。上古文献《尚书》残缺不全了,六国的国史荡然无存(到西晋时代才发现了魏国的《纪年》);惠施是博学之士,《庄子·天下》篇说:"惠施多方,其书五车。"而《汉书·艺文志》仅仅著录"《惠施》一篇",其余都遗失了。汉武帝"罢黜百家",道家仍有其潜势力,流传不绝,阴阳家的一部分学说被董仲舒所吸收,法家的"刑名法术"仍为统治者所采用,此外墨家和名家的学术却倏然断绝了。墨家对于名辩之学(逻辑)、物理之学有重要贡献,汉代以后竟无人继承,这是一项严重的损失。(幸而《墨子》一书还保存下来,使后人有所考见。)

汉武帝设置五经博士,以"通经"为士人进身的阶梯,严重地限制了学术的发展。西汉后期出现了"纬书"和"图谶",宣传粗陋的迷信,更腐蚀了人们的思想意识。经学逐渐流入繁琐,"一经说至百余万言"(《前汉书·儒林传》),失去了维系人心的作用。儒士所宣扬的名教("君臣""父子"名分之教)也逐渐流为形式。东汉末年,郑玄遍注群经,实现了各派经学的综合。尔后,汉代经学陷于衰落了。

两汉时代,在经学占统治地位的情况下,自然科学仍有较大的发展。在天文学上,盖天说、浑天说、宣夜说,各有师传,交相辉映。张衡创制浑天仪、地动仪,更是发放异彩。医学家总结了先秦以来的医学成就,编撰成中医的经典著作《黄帝内经》;东汉后期张仲景更加以发展,撰写了《伤寒论》。此外,算学、农学也有一定的发展。史学家司马迁写出了不朽名著《史记》(原名《太史公书》)。汉代学术,虽然在经学的笼罩之下,仍然有光辉的成就。

>>> 秦始皇吞并六国,建立了统一的政权,听从李斯的建议,"焚书""坑儒",把《诗》《书》《史记》以及"百家言"都烧了。这是中国历史上第一次实行文化专制主义,是文化发展所遭遇的一次严重挫折。图为秦始皇陵兵马俑。

魏晋时代，玄谈盛行，中国文化的发展转入一个新的时期。玄谈之风的兴起是对于汉代经学的反动，是一次相对的思想解放，从汉代经学的束缚中解放出来。当时以《老子》《庄子》《周易》称为"三玄"，实际上是崇尚老、庄，以《老》解《易》。何晏、王弼兼崇孔、老，嵇康则公开声称"非汤武而薄周孔""越名教而任自然"。当时老庄道家学说盛行起来。《晋书·王衍传》云："魏正始中，何晏、王弼等祖述老庄立论，以为天地万物皆以无为为本。"《晋书·向秀传》云：

> 庄周著内外数十篇，历世方士虽有观者，莫适论其旨统也。秀乃为之隐解，发明奇趣，振起玄风，读之者超然心悟，莫不自足一时也。惠帝之世，郭象又述而广之。儒墨之迹见鄙，道家之言遂盛焉。

这都说明了道家学说流行的情况。当时还有人研究"墨辩"（鲁胜），有人探讨公孙龙（阮裕），呈现出思想活泼的景象。

当时玄学的思想观点也影响到文学艺术，形成一代风尚。

西晋之世，裴頠著《崇有论》，对于道家"贵无"的思想提出了犀利的批判。西晋的覆亡，坚持抗敌斗争的刘琨总结"国破家亡"的教训，得出了"聃周虚诞"的结论，对于玄谈之风进行了谴责。两晋、南北朝时期，中国传统文化处在动荡的过程之中。

两汉之际，佛教开始传入中国，到南北朝时期，佛教逐渐流行起来。佛教一方面宣扬"神不灭论"，大讲"三世轮回"的迷信；一方面又宣扬"心作万有，诸法皆空"的唯心论。"三世轮回"的说教取得了流俗群众的信仰；玄虚奥妙的唯心论哲学吸引了许多读书人的心灵，在许多人的心目中，佛学的高深远远超出于儒学之上。东汉末年，道教兴起，崇奉老子为教祖，实际与道家之学是有区别的。到隋唐时代，儒、佛、道并称为三教。佛教是从印度传来的宗教，道教是上古时代原始宗教的改造，儒教本非一般意义的宗教。《中庸》说："天命之谓性，率性之谓道，修道之谓教。"所谓"教"乃是教导、教化之义。我们不能因儒教亦称为教，就将儒学看作宗教。

佛教的传入，标志着中印文化的接触，印度的一部分文化输入中国，中国吸收了印度文化的一些成分。中国的人民大众本来宗教意识比较淡薄，儒学不谈论死后的问题，而佛教大谈其生死问题，从而赢得了很多群众的信从。佛教对于文学、绘画、音乐、建筑也都发生了一定的影响。

东晋时期，佛教信徒往往假借玄学的名词概念来宣扬佛学，到隋唐时代，佛学渐渐表现了中国化的趋向。天台宗、华严宗固然继承了印度佛教的传统，也会总了中国道家的一些思想观点，表现了一定的创造性。慧能所创立的禅宗南宗，更推进了佛学的中国化。但在传承关系上禅宗仍然自称继承了印度佛学的传统。中国佛教的流传与盛行，表明中国文化并不拒绝外来的文化，并且能够吸收、消融外来的文化。印度佛教徒到中国来传教，中国却没有人到印度去宣扬中华文化。这表明中国人的缺点不在于不接受外来文化，而是缺乏到国外宣扬本国文化的毅力。

唐代韩愈发动对佛、老的批判，以复兴儒学为己任，但是没有能够建立超越佛、老学说的理论体系。到北宋时代，理学兴起，才恢复儒学的权威。周敦颐以《周易》为凭借，汲取了道家的一些观点，

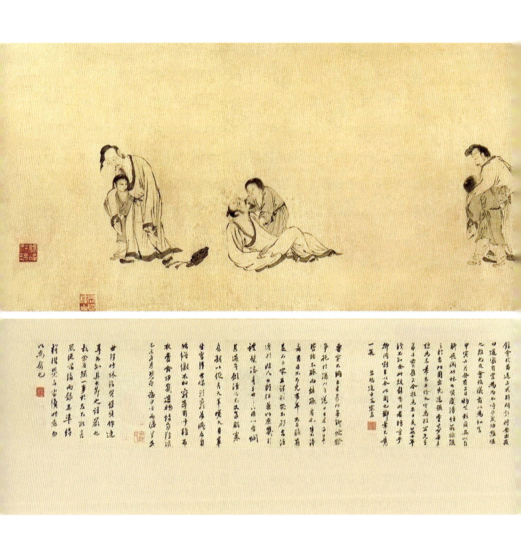

>>> 魏晋时代,玄谈盛行,中国文化的发展转入一个新的时期。何晏、王弼兼崇孔、老,嵇康则公开声称"非汤武而薄周孔""越名教而任自然"。图为明代张灵《竹林七贤图》。描绘了何晏、王弼、嵇康等人诗酒、玄谈的情景。

写成《太极图说》《通书》，是理学的开端。张载以"气"为最高范畴来说明世界的本原，对于老子"有生于无"与佛教"以山河大地为见病"的唯心论进行批判。程颢、程颐以"理"为最高范畴，提出"天者理也""性即理也"的命题，建立了以"理"为中心观念的比较完整的体系。到南宋，朱熹、陆九渊分别继承并发展了北宋时代的理学思想。

宋、元、明、清时代是中国传统文化演变的一个新阶段，在这个阶段中，理学占有主导的地位，因而对于理学的性质及其在中国传统文化中的地位，应进行较详的分析。由于理学是先秦儒学的继承和发展，所以评价理学不得不牵涉先秦儒学的评价问题。因此，这里尝试讨论三个问题：第一，儒家人生理论的基本性质；第二，理学与佛、老的关系；第三，理学的历史作用。

关于儒家人生理论的基本性质，主要的问题是：儒家是肯定人的价值、人的尊严的，还是否定人的价值、人的尊严的？近年以来，有人认为中国儒家思想具有"人文主义"或"人本主义"的性质；也有人认为"人文主义"或"人本主义"乃是西方近代的思想，是古代所未有，而儒家更是否定人的价值、人的尊严的，更谈不上人文主义或人本主义。我认为，所谓人文主义或人本主义固然是西方近代的思潮，但也不是毫无历史的渊源，古希腊的哲学对于西方近代的影响是不可忽视的。有的文学史家认为，西欧17世纪末年至18世纪中叶，"中国的人文主义思想传入欧洲，并对西欧的启蒙运动发生作用"（范存忠：《中国的人文主义与英国的启蒙运动》）。这些并不是没有根据的臆说。

>>> 到南宋时期，朱熹、陆九渊分别继承并发展了北宋时代的理学思想。图为朱熹和友人。

儒家是怎样看待人的呢?《孝经》记述孔子之言云:"天地之性人为贵。"这不一定是信史,但孔子将人与鸟兽区别开来,在《论语》的记载中还是比较明显的。《论语》云:"厩焚。子退朝,曰:'伤人乎?'不问马。"(《论语·乡党》)这明确把人与马区别开来。又载孔子遇隐者长沮、桀溺之后叹息说:"鸟兽不可与同群,吾非斯人之徒与而谁与?"(同上书,《微子》)这明显地肯定了"斯人"与鸟兽的区别。孔子尝说:"三军可夺帅也,匹夫不可夺志也。"(同上书,《子罕》)这明确肯定人是具有独立的意志。孔子虽然分别了君子、小人,而肯定匹夫也有其不可夺的意志,匹夫未必是君子,而匹夫之志也是必须重视的。

孟子提出"良贵"之说,他认为:"人人有贵于己者,弗思耳。人之所贵者,非良贵也。赵孟之所贵,赵孟能贱之。"(《孟子·告子上》)这就是认为人人都具有天赋的内在价值。荀子论物类的异同说:

> 水火有气而无生,草木有生而无知,禽兽有知而无义。人有气、有生、有知,亦且有义,故最为天下贵也。力不若牛,走不若马,而牛马为用,何也?曰:人能群,彼不能群也。人何以能群?曰:分。分何以能行?曰:义。(《荀子·王制》)

这里认为人之所以为贵在于有知而且有义,义是能群之道。古代汉语所谓"贵",就是今日我们所谓"价值"。应该承认,先秦儒家确实肯定了人的价值。先秦儒家的这些观点,被后代儒家所继承,这里仅举一例。南北朝时,何承天著《达性论》来反驳佛教三世轮回之说,就是根据人与禽兽不同来立论的。他说:

> 天以阴阳分,地以刚柔用,人以仁义立。人非天地不生,天地非人不灵。……夫民用俭则易足,易足则力有余,力有余则志情泰,乐治之心于是生焉。……安得与夫飞沉蝡蠕并为众生哉?(《弘明集》卷四)

这是说,人在天地之间有重要的作用,把人类与鸟兽鱼虫并称为"众生"是谬误的。宋明理学家也都强调人与禽兽的区别。

马克思说过:"专制制度的唯一原则就是轻视人类,使人不成其为人。"(《马克思恩格斯全集》第1卷,第411页)这句话深刻揭露了专制制度的本质。有人据此推论,以为儒家是专制主义的哲学,因而也是轻视人类、贬低人类的。我认为这种推论是不能成立的,不能把专制主义制度与中国儒家学说等同起来。孔子反对"言莫予违"的个人独裁,孟子宣称"民贵君轻",都不是赞同专制制度的。宋明理学受到专制帝王的尊崇,实际上理学家经常企图"格君心之非",更经常批评当政的宰执,理学家的"王霸之辨"表明他们并不赞同现实的专制制度。(近人多讥"王霸之辨"为迂阔,其实"王霸之辨"含有贬抑专制制度的意向。)

有人认为儒学是压抑人的,宋明理学更是否定人性的,其主要理由之一是认为儒家宣扬禁欲主义。事实上这是对儒学的不正确的理解。孔子赞扬"贫而乐",这是就个人修养来说的;孔子论治国之道,却是以"富"为先而"教"次之,明确肯定了"富之"的重要。孟子提出"寡欲"之说,寡欲并非禁欲。孟子的原则是"与民同乐",他对齐宣王说:"今王与百姓同乐,则王矣。"齐宣王说:"寡人

>>> 张载、"二程"都尝"出入"佛、老,既"入"而又能"出",这表明张、程具有独立思考的精神。图为当代朱建伟《关中儒学群像》

有疾，寡人好货。"孟子说："王如好货，与百姓同之，于王何有？"齐宣王又说："寡人有疾，寡人好色。"孟子说："王如好色，与百姓同之，于王何有？"（《孟子·梁惠王下》）。基本原则是"与民同乐"。孟子不排斥"好货""好色"的欲望，怎能说是禁欲主义呢？孟子所反对的是不顾人民疾苦的奢侈纵欲。最为人们诟病的是宋明理学的"存天理，去人欲"观点。多数哲学史论著都指斥这是禁欲主义，事实上这也是错误的理解。朱熹明确地讲："饮食者，天理也；要求美味，人欲也。"（《朱子语类》卷十三）又说："饥便食，渴便饮，只得顺他。穷口腹之欲便不是。"（同上书，卷九十六）有些人认为宋明理学否定人们的一切生存欲望，那只是"想当然"耳。但也应指出，理学家对于人民物质生活的提高确实不够重视，这是理学的缺点之一。

关于理学与佛、老的关系，自金朝佛教徒李纯甫崇佛诋儒以来，不少论者认为理学是"阳儒阴释"。这个问题必须加以分析。李纯甫说："伊川诸儒，虽号深明性理，发扬'六经'圣人心学，然皆窃吾佛书者也。"（《宋元学案》卷一〇〇《屏山鸣道集说略》引）事实上，这是诬罔之词。理学家曾研读过佛书，受过佛学和道家的影响，但理学的根本宗旨与佛老不同。理学乃依据孔、孟的基本观点，汲取了佛、老的一些思想资料，回答了佛教、道家所提出的理论问题，从而丰富了儒家学说的内容。理学的最主要的概念范畴来自《周易大传》，而《周易大传》被认为是孔子的著作，所以理学家以孔子的继承者自居，确实是有理由的。理学的基本立场是和孔、孟一致的，与佛、老的立场是大不相同的。

张载、"二程"都尝"出入"佛、老，既"入"而又能"出"，

>>> "饿死事小,失节事大。"程颐此言本是对妇女改嫁问题而发的。南宋以后,强调妇女的守节,成为压抑妇女的沉重枷锁。图为宋代王居正《纺车图》,描绘了妇女纺线,家人其乐融融的生活。

这表明张、程具有独立思考的精神。张、程汲取了佛、老的一些思想资料，加以改造，从而丰富了儒家的理论体系，这是合乎思想发展的规律的。

禅宗佛教的南宗，虽然推进了佛学的中国化，但仍继佛教之统，自称是达摩的传人。理学家虽然研习过佛典，但仍是继孔、孟之统，这表现了理学的民族性，理学是自觉地为民族文化服务的。如果宋儒自称为佛学的支流而不努力建立自成系统的理学体系，那么民族文化史也就黯然失色了。

宋代文化在当时居于世界文化的前列，科学技术、文学艺术都有高度的发展，对于世界文化发生过重大影响的"四大发明"，即是北宋时代完成的。宋代封建的生产关系还继续在发展。有人认为宋代已处于封建社会的末期，一切都走下坡路了，那是没有事实依据的。

宋明理学在历史上的实际作用如何呢？这是一个非常复杂的问题，必须进行全面的考察和分析。这里只提出最重要的两点：第一，理学增强了民族的凝聚力；第二，理学又促进了礼教的强化，起了束缚自由思想的不良作用。宋、元、明、清时代是国内民族矛盾错综复杂的时代，如何抵御少数民族的侵略，是汉族人民不得不注意的实际问题。理学强调民族大义，对于保卫民族主权起了一定的作用。宋元之际、明清之际，坚持抗战的爱国志士大都是受到理学的熏陶的。南宋抗元，南明抗清，都失败了，但是元、清的统治阶层都接受了"汉化"，在这些少数民族的"汉化"过程中，理学起了重大的作用。应该承认，理学增强了汉族文化的同化力。这也表现了理学的积极作用。另一方面，理学助长了封建社会的父权、夫权以及君权。程颐曾经宣称："饿死事小，失节事大。"这句话运用在民族关系上，使人坚持民族气节，起了提高民族意识的作用。但程颐此言本是对妇女改嫁问题而发的。南宋以后，强调妇女的守节，成为压抑妇女的沉重枷锁。程门后学又提出"天下无不是的父母"，使父子关系成为绝对服从的关系；尔后又有人提出"天下无不是的君"，使君臣关系也成为绝对服从的关系。君权、父权、夫权，都变成绝对性的，中国的封建社会变得空前严酷。关于君权，理学家中存在着不同意见，张载、程颐等原亦幻想自己能够"为王者师"，朱熹亦经常向皇帝提出不同意见。但后来理学家的这类幻想完全破灭了，专制主义越来越加强。明代后期，东林学派展开了"士权"与"王权"的斗争，也受到当权派的疯狂打击，知识分子始终受到专制主义的压抑。总而言之，理学的历史作用是功过交参、损益互见的。

明代后期，万历年间，西方基督教的传教士利玛窦等来中国传教，带来了西方哥白尼以前的科学知识，是为西学东渐的开始。当时西方的科学知识吸引了一部分中国士大夫。西学虽然没有得到广泛的传播，也没有遭到拒绝。同时西方传教士也将中国的儒学介绍给西方，引起了西方思想家莱布尼兹（Leibniz）、沃尔夫（Wolff）、伏尔泰（Voltaire）等人的注意。可以说，明代末期至清代初期，即16世纪末到18世纪初，中西文化曾经有一段交流的过程。

明、清之际，涌现出一些进步思想家，使中国传统哲学思想达到了一个新的高峰。黄宗羲提出比较明确的民主思想，顾炎武阐明了考证的科学方法，王夫之对宋、明以来学术思想进行批判的总结。明政权覆灭、清政权初建，当时民族矛盾与阶级矛盾错综复杂，政治上

>>> 明、清之际,涌现出一些进步思想家,使中国传统哲学思想达到了一个新的高峰。黄宗羲提出比较明确的民主思想,顾炎武阐明了考证的科学方法,王夫之对宋、明以来学术思想进行批判的总结。图为当代杨参军、卢家华、郑泓《明末清初三大思想家》。

的控制比较宽松，容许学者们从事新的探索，从而达到了较高的成就。明、清之际的思想学术，与宋明学术相比，确实是有所前进。但是从世界范围来看，西方的文化学术，从16世纪以来，突飞猛进，日新月异，相比之下，中国的传统文化瞠乎其后了。

在西方中世纪，哲学成为"神学"的奴婢。经过科学家、思想家多年的艰苦斗争，终于从"神学"的羁绊中解放出来，于是自然科学取得飞跃发展，哲学亦超迈前古。在中国，直至明、清时代，"经学"仍然是笼罩着学术界的最高权威。从明初开始，以八股文取士，使知识分子疲精耗神于无用的空文。清代统治者以少数民族入主中原，更大兴"文字狱"，以酷刑峻法钳制人们的思想。在严酷的文化专制主义的控制之下，思想僵化，学术枯萎，远远落后于西方了。

1840年鸦片战争的失败，震醒了先进人士，但大多数人民仍在梦寐之中。西学的再次输入，使传统文化受到了严重的冲击。清代末年屡次对外战争失利，中国人民遭遇了严重的民族危机。民族处在危急存亡的严重时刻，传统文化更处在动摇之中。经过辛亥革命到五四运动，人们发出了"新文化"的号召。于是儒学、经学、理学三位一体居于主导地位的传统文化基本结束了，中西文化的异同优劣成为人们热烈讨论的主要论题。新的文化传统虽然没有建立起来，但已开始酝酿了。

## 第四节
## 中国文化的发展规律

从殷周到民国初年,三千多年,中国的传统文化经历了漫长的曲折的演变过程。在这长期的演变过程中,表现了哪些值得注意的规律性呢?中国传统文化发展的规律性是一个非常复杂的问题,这里我只能依据自己的考察和体会,进行初步的宏观概括。我认为,有四点是值得注意的:第一,思想自由与文化发展的必然联系;第二,人的自觉提高是文化发展的核心;第三,文化开放与文化进步的联系;第四,时代精神的更替与民族精神的消长。

在中国文化漫长的发展过程中,有几次思想活跃、学术繁荣的时期,第一次是春秋、战国时期,第二次是魏晋时期,第三次是北宋时期,第四次是明、清之际。春秋、战国时期,百家争鸣,学派林立。当时各诸侯国都尊重知识分子,从不干预知识分子的著书立说,当时可以说是思想自由的时代。魏晋之世,虽然"时局多故",但统治集团忙于争取政权,对于学术却较少干涉,所以当时思想也比较活泼,文化呈现了新的景象。北宋时代,学术繁兴,王安石的"新学",周敦颐的"濂学",邵雍的"象数之学",张载的"关学",程

>>> 北宋时代,王安石的"新学"、周敦颐的"濂学"、邵雍的"象数之学"、张载的"关学"、二程的"洛学"、苏氏父子的"蜀学"同时崛起,交相辉映。图为清代丁观鹏《苏东坡游赤壁》。

颢、程颐的"洛学",苏轼、苏辙的"蜀学",同时并起,交相辉映。与此同时,天文学家沈括、苏颂在自然科学上也做出了卓越的贡献。宋学表现了创新精神,其时代背景之一是宋代对于士大夫比较尊重,不杀戮士大夫,不干预知识分子的学术活动。明、清之际,明政权已经覆亡,清政权对于知识分子采取了怀柔政策,当时"文字狱"尚未兴起,因而有些明代遗民还保持了学术思想的自由。纵观周、秦以来的文化演变,政治控制比较松弛的时期,思想有相对的自由,因而文化的发展也呈现出异彩。

中国传统文化有一个显著的特点,就是以"人"为中心。这是儒学的特点,因为儒学在中国传统文化中居于主导地位,所以也成为传统文化的特点。西方近代有所谓"人文主义""人道主义""人本主义"。有些学者也用这些名词来称述中国的儒学,有人则不以为然。无论如何,如果说儒学以人为本位,还是应该承认的。所谓"本位"又是一个模糊名词,所谓以人为本位即是说以人为出发点,从人的问题出发,又以人的问题为归宿。以人为本位,必然以"人的自觉"为中心。所谓"人的自觉",至少包括两层含义:第一,同类意识,肯定自己与别人为同类;第二,个性自觉,肯定自己是一个与别人不同的自我。这种思想意识,在孔子的思想中已经存在了。孔子将鸟兽与"斯人之徒"对立起来,显然是承认"斯人之徒"是同类,而鸟兽是异类。孔子宣称"性相近也,习相远也",即肯定人与人是相类的。春秋之时,有许多隐士,自称"辟世之士"。孔子亦说:"贤者辟世,其次辟地,其次辟色,其次辟言。"(《论语·宪问》)为什么要辟世、辟地呢?就是因为有自己的独立的见解,不愿屈从于人。为什

>>> 春秋之时,有许多隐士,自称"辟世之士"。孔子亦说:"贤者辟世,其次辟地,其次辟色,其次辟言。"图为宋代李唐《采薇图》,描绘商末伯夷、叔齐不食周粟,在首阳山饿死的故事。

么要辟色、辟言呢？就是因为有自己的独立人格，要求受到尊重。这种思想态度远有端绪。《周易·蛊卦》："上九，不事王侯，高尚其事。象曰：不事王侯，志可则也。"这种"不事王侯"的人正是坚持自己的独立意志的人。后来历代史书中记载着许多特立独行的人。这些特立独行的人都是"不事王侯、高尚其事"的人，即都是坚持独立意志的人。孟子更强调人的同类意识，他宣称："故凡同类者，举相似也，何独至于人而疑之？圣人与我同类者。"（《孟子·告子上》）又引颜渊曰："舜何？人也。予何？人也。有为者亦若是。"（同上书，《滕文公上》）特别揭示人与人的同类关系。孟子认为人类同一性的最主要的内容是道德意识，他说：

> 口之于味也有同耆焉，耳之于声也有同听焉，目之于色也有同美焉，至于心独无所同然乎？心之所同然者何也？谓理也，义也。圣人先得我心之所同然耳。（《孟子·告子上》）

以理义为"心之所同然"，即认为"人之所以异于禽兽者"在于道德意识，人的自觉即在于道德的自觉。道德意识，古代亦称为"德性"。古代所谓"德性"即是近代所谓"理性"。南宋以后，理学家区别了"义理之性"与"气质之性"，主张发挥义理之性，而改变气质之性。理学家的基本观点是认为人的自觉主要在于理性的自觉。清初的思想家反对把义理之性与气质之性割裂开来，于是王夫之、颜元特别阐扬了"尽性践形"的学说。孟子曾说："形色天性也，唯圣人然后可以践形。"（同上书，《尽心上》）所谓"践形"即实现形体所具有的可能。王夫之、颜元特别发挥了"践形"观念。王夫之说：

"形之所成斯有性,情之所显唯其形。故曰:'形色天性也,唯圣人然后可以践形。'"(《周易外传》卷一)又说:"入五色而用其明,入五声而用其聪,入五味而观其所养,乃可以周旋进退,与万物交,而尽性以立人道之常。"(《尚书引义》卷六)颜元说:"吾愿求道者,尽性而已矣;尽性者,实征之吾身而已矣;征身者,动与万物共见而已矣。吾身之百体,吾性之作用也,一体不灵,则一用不具。"(《四存编·存人编》卷一)颜氏弟子李塨说:"圣学践形以尽性。耳聪目明,践耳目之形也;手恭足重,践手足之形也;身修心睿,践身心之形也。践形而仁义礼智之性尽矣。"(《恕谷年谱》)这种"尽性践形"之说,强调发挥耳目手足所固有的潜能,纠正了宋明理学仅强调"心性"的偏向。

如上所述,中国古代哲学中,从孔子以来,即强调对于独立人格的尊重。近年却有些论者声称中国的"民族传统中个人的人格概念并未建立起来",缺乏"对个人的人格的承认与尊重"。这种论调只表现其对于中国传统哲学的无知而已。当然,传统是有缺欠的,现在对于个人的人格应有更高的认识,但不承认古代思想家所已经达到的水平,妄图泯灭民族的自尊心,只是民族自卑心理的反映。

其次,在中国文化史上,有两次对外开放,一次是印度佛教的输入,一次是西学东渐。佛教东来,正值中国封建社会的盛世,中国人民并不拒绝佛教,而是接纳、吸收、改造、消化。明代后期,西化传入,至清代中期而中断。其后随着西方列强的武力入侵,西学再次传入。西方已进入资本主义的发达时期,中国还留滞于封建社会的末期。因而这次西学的东渐,引起了巨大的波澜。中华民族欲图生存,

>>> 中国传统哲学是否有这种精粹思想呢？我认为是有的，其文字的表达就是《周易大传》的两句话："自强不息""厚德载物"。"愚公移山"的精神就是一种"自强不息"的精神。图为现代徐悲鸿《愚公移山》。

必须向西方学习。在向西方学习的过程中，如何保持民族的独立性以及民族文化的独立地位，乃是非常复杂的实际问题。近年许多论者说中国传统文化有所谓"封闭性"，实际上不符合客观的历史实际。汉、晋、隋、唐时代，并没有拒绝佛学。明末清初，也未排斥西学。只有清代中期采取了封闭的闭关政策，那只是暂时的。历史证明，容纳外来文化，可以促进本国文化的发展；拒绝外来文化，本国文化也将停滞下来。这是一条客观的规律。但在汲取外来文化的过程中必须保持本民族的独立性，不能使本民族的文化传统归于断绝，否则将陷于受奴役的地位。

最后，谈谈民族精神的问题。一个独立发展的民族文化，必有其不断发展的思想基础，必有其促进文化发展的主导思想，这种主导思想可以称民族精神。民族精神贯穿于民族文化发展过程的各时期的时代精神中。

所谓时代精神有广义、狭义之分，广义的时代精神指某一时代的所有的各种思想、思潮的总和，狭义的时代精神专指某一时代能促进社会发展的思想或思潮，而那些陈旧的、落后的思想不算在内。但是，思想意识都是非常复杂的，落后的包含进步的，进步的也容纳落后的，有时难以截然分剖。民族精神也有广义、狭义之分，广义的民族精神指一个民族所有的具有一定特色的思想意识，狭义的民族精神专指能起促进文化发展的积极作用的精粹思想。中国传统哲学是否有这种精粹思想呢？我认为是有的，其文字的表达就是《周易大传》的两句话："自强不息""厚德载物"。《周易·象传》说："天行健，君子以自强不息。""地势坤，君子以厚德载物。"传说《周易大传》是孔子撰写的,因而在两千年的学术传统之中,《周易大传》具有崇高的地位与广泛的影响。据近年史学家的考证,《周易大传》应是战国时期儒家学者的著作。《周易大传》的这两句话,表达了当时的进步思想。事实上,"自强不息"是战国时代华夏人民奋斗精神的反映,"厚德载物"是当时华夏人民宽容精神的反映。这种精神在秦、汉以后流传下来。中国人民对内反抗暴政,对外反抗侵略,表现了坚强的奋斗精神。同时务对于不同的宗教采取兼容的态度,向来没有发动对外侵略,表现了宽容精神。民族精神不是一成不变的,随时代的变迁而有消有长、有进有退。当民族精神发扬充盛之时,民族文化就发展前进;当民族精神衰微不振之时,文化也就处在停滞状态之中。这也是一条文化发展的规律。

民族文化传统也包含许多陈旧落后的赘疣,许多陈腐的积习,如重官轻民、长官意志、怙权枉法、因循迟缓、家长作风等,都是违反民族精神的,应该加以克服。认识、理解民族精神,发扬、提高民族精神,是文化建设的一项严肃的任务。

# 第四章

## 中国哲学史上人的价值学说

中国古代哲学中，有"人贵于物"的思想。所谓"人贵于物"，即是说人类有高于一般动物的价值。古代所谓"贵"，即是今天所谓"价值"。肯定"人贵于物"，即是肯定人的价值。

所谓人的价值，含有两层意义：一是指人类的价值，二是指个人的价值。这两层意义是既有联系又有区别的。肯定人类的价值，必然也要肯定一个人的价值；肯定个人的价值，更必须承认人类作为一个物类的价值。但是，普通所谓个人价值，又含有另一意义，即是针对社会国家的整体而言，个人有一定的价值。这种观念是和个性解放、个人自由等观念密切联系的。这种观念是近代资产阶级的思想，在古代哲学中虽然也有这种思想的萌芽，但是还没有明确地提出来。

中国古代所谓"人贵于物"，主要是讲人类的价值，其中包括一般人的价值。关于人的价值的问题又包括两个问题：一是人有没有价值？二是人怎样生活才有价值？本章专门评述中国古代关于人有没有价值问题的学说。

## 第一节

## "人贵于物"

在中国古代,多数思想家都肯定人在"天地之间"有重要的意义,人与一般动物相比有高贵的价值。这所谓人的价值,一方面是对"天"而言,或对"神"而言;一方面是对"物"即对别的动物而言。在中国传统文化中,宗教意识比较淡薄,对于神的信仰在中国哲学中不占重要地位,无神论者更否认神的存在。多数思想家都以人的问题作为理论研究的中心问题,而不重视关于神的问题。多数思想家认为,人高出于一般动物之上,在自然界中有重要的作用。

试从孔子谈起。孔子区别了人与鸟兽,他尝说:"鸟兽不可与同群,吾非斯人之徒与而谁与?"(《论语·微子》,《集解》云:"吾自当与此天下人同群,安能去人从鸟兽居乎?")他把人与鸟兽对置,人只能与人合群,设法改善人群的生活。《论语》记载:"厩焚,子退朝,曰:伤人乎?不问马。"(《乡党》,郑玄注云:"重人贱畜。")把人与鸟兽区别开来,这是孔子的一贯态度。

人与鸟兽的区别何在?孔子以为,人是有独立意志的,他说:"三军可夺帅也,匹夫不可夺志也。"(《子罕》)匹夫即普通平民。孔

>>> 孔子区别了人与鸟兽,他尝说:"鸟兽不可与同群,吾非斯人之徒与而谁与?"图选自明代仇英画、文徵明书《圣迹图》。

子肯定一般的平民具有独立的意志。

孔子很少谈论鬼神。《论语》云:"子不语怪、力、乱、神。"(《述而》)又云:"樊迟问知,子曰:'务民之义,敬鬼神而远之,可谓知矣。'"(《雍也》)在孔子看来,人民生活问题比神的问题更为重要。

孔子哲学的核心观念是仁。仁的观念在春秋前期即已流行,孔子加以提炼,加以宣扬,把仁作为道德的最高原则。孔子所谓仁的主要意义是"爱人"。《论语》云:"樊迟问仁,子曰:'爱人。'"(《颜渊》)爱人亦即爱众,孔子提倡"泛爱众"(《学而》)。仁以"人"或"众"为对象,包括爱亲,而不仅是爱亲。有若说:"君子务本,本立而道生,孝弟也者其为仁之本与?"(《学而》)孝悌是仁的起点,仁包括孝悌,但不仅是孝悌。仁是爱人,君对于民应实行仁德。孔子说:"民之于仁也,甚于水火。水火,吾见蹈而死者矣,未见蹈仁而死者也。"(《卫灵公》)水火是人民所需要的,仁也是人民所需要的。孔子"贵仁"(《吕氏春秋·不二》),其中包含对于人的重视。(在孔子学说中,人是泛称,民是人的一部分。)

孔子区别了人与鸟兽,肯定一般人都有独立意志;但他又区别了君子和小人,尝说"君子学道则爱人,小人学道则易使也"(《阳货》),为统治者服务是小人的本分,孔子是维护等级制度的,他是在拥护等级制的前提下肯定人的一定价值的。

《孝经》叙述孔子与曾参的问答,引孔子云:"天地之性人为贵。"天地之间的生命,人是最贵的。这句话未必是孔子原话,但对于汉代以后的思想影响很大,这可以说是儒家的一贯的观点。

129

>>> 《孝经》叙述孔子与曾参的问答,引孔子云:"天地之性人为贵。"天地之间的生命,人是最贵的。图为明代佚名《孝经图》。

孟子继承孔子，也强调人与鸟兽的区别，他诘问告子"生之谓性"之说云："然则犬之性犹牛之性，牛之性犹人之性与？"（《孟子·告子上》）在孟子看来，人之性是与牛之性、犬之性不同的。他认为，人与人是同类，人之性是人类的共同本性："故凡同类者，举相似也，何独至于人而疑之？圣人与我同类者。"（同上）这人类与其他动物不同之特点何在？孟子以为，这个特点就是承认"理义"，也就是有道德意识。他说："口之于味也，有同嗜焉；耳之于声也，有同听焉。目之于色也，有同美焉。至于心，独无所同然乎？心之所同然者何也？谓理也，义也。圣人先得我心之所同然耳。"（同上）所谓理义即是道德原则，孟子以为，这是一切人所共同肯定（同然）的，肯定理义是人类与其他动物不同的特点。

人何以能肯定理义呢？孟子以为这依靠思维的作用，他说："耳目之官不思而蔽于物，物交物则引之而已矣。心之官则思，思则得之，不思则不得也。"（同上）理义是思之所得，是通过思维作用而得到的。耳目是人与鸟兽同有的，心的思维作用则是人所独有的。

孟子以为，人能思，则能认识自己固有的价值。他说："欲贵者，人之同心也。人人有贵于己者，弗思耳。人之所贵者，非良贵也；赵孟之所贵，赵孟能贱之。"（同上，赵注云："人人自有贵者在己身，不思之耳。赵孟，晋卿之贵者，能贵人，能贱人。人之所自有者，他人不能贱之也。"）"人之所贵"指权势者给予的爵位，是可以剥夺的，"人人有贵于己者"，是"良贵"，这是人所自有的价值。孟子宣称"人人有贵于己者"，他明确肯定人的价值。

孟子肯定人有与其他动物不同的特点，又认为这特点不易保持。

他说:"人之所以异于禽兽者几希,庶民去之,君子存之。"(《离娄下》)于是强调君子与野人的区别,他说:"无君子莫治野人,无野人莫养君子。"(《滕文公上》)"或劳心,或劳力。劳心者治人,劳力者治于人;治于人者食人,治人者食于人:天下之通义也。"(同上)这样,孟子一方面肯定人与人是同类的,一方面又把人区分为"劳心"与"劳力"两大部分,借分工的必要来论证剥削的合理。

孟子虽然为阶级剥削辩护,但究竟肯定人有高于禽兽的价值,他指斥当时的统治者说:

> 庖有肥肉,厩有肥马,民有饥色,野有饿莩,此率兽而食人也。……仲尼曰:"始作俑者,其无后乎!"为其像人而用之也。如之何其使斯民饥而死也!(《梁惠王上》)

孔丘、孟轲反对用"像人"的俑殉葬,当然更反对生殉,反对虐杀人民,这都表现了对人的重视。

孟子更提出"民为贵,社稷次之,君为轻"(《尽心下》)的名言,肯定人民是贵重的,这是他的民本主义思想。孟子的民本思想和他肯定人有高于禽兽的价值的观点是一致的。民本不同于民主,但也是进步思想。

荀子明确地肯定了人的价值,他说:"水火有气而无生,草木有生而无知,禽兽有知而无义,人有气、有生、有知,亦且有义,故最为天下贵也。"(《荀子·王制》)人是最贵的,因为人有义,即有道德规范。

孟子讲"人之所以异于禽兽者",荀子讲"人之所以为人者"。

他说：

> 人之所以为人者何以也？曰：以其有辨也。……夫禽兽有父子而无父子之亲，有牝牡而无男女之别。故人道莫不有辨，辨莫大于分，分莫大于礼。（《非相》）

他认为人之所以为人的特点在于有辨，辨即是分别。荀子以为"分"与"义"有密切联系。他说：

> 力不若牛，走不若马，而牛马为用，何也？曰：人能群，彼不能群也。人何以能群？曰分；分何以能行？曰义。（《王制》）

所谓"义"，就是分别的标准，人所以能胜物，在于能群；而所以能群，在于有义。

荀子强调"分"，于是认为等级制度是绝对必要的，他说：

> 分均则不遍，势齐则不一，众齐则不使。有天有地而上下有差，明王始立而处国有制。夫两贵之不能相事，两贱之不能相使，是天数也。势位齐而欲恶同，物不能澹则必争，争则必乱，乱则穷矣。先王恶其乱也，故制礼义以分之，使有贫富贵贱之等。（《王制》）

在生活必需品数量不足的条件之下，唯有划分等级，才能免于祸乱。荀子这样为等级制度进行辩护。他认为"劳力"的小人应受君子的统治，他说："君子以德，小人以力，力者德之役也。"（《富国》）

>>> 墨家虽然不多谈"人贵于物"的问题,但墨家讲人类与其他动物不同的特点,却更为精切。图为现代黄子曦、朱梅邨《墨子救宋图》。

这种观点和孟子一致。荀子肯定人"最为天下贵",又强调"贫富贵贱之等"是必需的。关于这两点,他都讲得非常明确。这两点在荀子的思想体系中并无矛盾。

孟子讲"性善",荀子讲"性恶",正相反对。孟子强调"人之所以异于禽兽者",荀子肯定"人之所以为人者",则基本一致。孟子以为"人之所以异于禽兽者",在于懂得"理义";荀子以为"人之所以为人者",在于"有义"。孟子以为,人懂得"理义"是出于天性;荀子以为,人"有义"是由于学习。两家都认为人类所以有高于一般动物的价值在于道德意识,这是儒家的基本观点。

墨家虽然不多谈"人贵于物"的问题,但墨家讲人类与其他动物不同的特点,却更为精切。墨子说:

> 今人固与禽兽、麋鹿、蜚鸟、贞虫异者也。今之禽兽、麋鹿、蜚鸟、贞虫,因其羽毛以为衣裘,因其蹄爪以为绔屦,因其水草以为饮食。故虽使雄不耕稼树艺,雌亦不纺绩织纴,衣服之财固已具矣。今人与此异者也,赖其力者生,不赖其力者不生。君子不强听治,即刑政乱;贱人不强从事,即财用不足。(《墨子·非乐上》)

人与其他动物不同的特点是"赖其力者生,不赖其力者不生",即必须努力劳动才能维持生活。所谓"力"含有劳动之义。墨家初步认识到劳动是人类的特点。墨家所谓"力"也包含"听治"之类的政治活动。

《墨经》论仁云:"仁,体爱也。"(《经上》)《经说》解释说:

>>> 庄子虽然反对区分贵贱,却主张追求个人的精神自由,他所想象的"神人"是"物莫之伤,大浸稽天而不溺,大旱金石流、土山焦而不热。"(《逍遥游》)在先秦思想家中,强调个人自由的,以庄子为最,但他不是从个人价值的观点来讲的。图为明代周臣《北溟图》,描绘庄子的《逍遥游》中北海的画面。

"仁，爱己者非为用己也，不若爱马者。"(《经说上》)"体爱"即设身处地之爱，亦即爱人如爱己。爱己不是为了用己，爱人也不是为了用人，与爱马不同。墨家区别了爱人和爱马，即强调不能把人当作马看待。

道家老子承认人类在世界中的位置，以人为"域中四大"之一。《老子》说："故道大，天大，地大，人亦大。域中有四大，而人居其一焉。（人字一本作王，非是。从下文看，作人字是。）人法地，地法天，天法道，道法自然。"（二十五章）道是最根本的，其次是天地，人的位置仅次于天地。《老子》关于人生价值问题，未加详论。

庄子不同意儒家"人贵于物"的观点，《庄子·秋水》篇说：

> 以道观之，物无贵贱；以物观之，自贵而相贱。以俗观之，贵贱不在己。

庄子讲"齐物"，所以不承认贵贱的区别。庄子虽然反对区分贵贱，却主张追求个人的精神自由，他所想象的"神人"是"物莫之伤，大浸稽天而不溺，大旱金石流、土山焦而不热"（《逍遥游》）。在先秦思想家中，强调个人自由的，以庄子为最，但他不是从个人价值的观点来讲的。

在先秦时代，儒家、墨家都承认人与禽兽的区别，强调不应把人和牛马同等看待。法家则和儒墨不同，不重视人的价值。《管子》书有云："治人如治水潦，养人如养六畜，用人如用草木。"（《七法》）把人民和"六畜"同等看待。《管子》书兼重"礼""法"，犹且如此，至于商鞅、韩非，更是把人民完全看作为君主服役的工具了。

## 第二节

## 人的觉醒

汉代董仲舒有关于人的价值的较详论述,他说:

> 人受命于天,固超然异于群生,入有父子兄弟之亲,出有君臣上下之谊,会聚相遇,则有耆老长幼之施,粲然有文以相接,欢然有恩以相爱,此人之所以贵也。生五谷以食之,桑麻以衣之,六畜以养之,服牛乘马,圈豹槛虎,是其得天之灵,贵于物也。故孔子曰:"天地之性人为贵。"明于天性,知自贵于物。(《举贤良对策》)

人所以贵于万物,在于有伦理道德。人能役使别的动物,是超然异于群生的。

董仲舒肯定人是贵于一般动物的,但是他又宣扬君权和神权:"屈民而伸君,屈君而伸天"(《春秋繁露·玉杯》),他尽力维护封建等级制度。虽然如此,他还是认为不应当把人民看作牛马,慨叹"贫民常衣牛马之衣,而食犬彘之食",主张"去奴婢、除专杀之威"(《汉书·食货志》引)。他极力反对买卖奴婢、随意杀害奴婢的恶劣行为，继承了先秦儒家的传统。

扬雄批评法家云："申、韩之术，不仁之至矣，若何牛羊之用人也！"（《法言·问道》）扬雄要求把人当作人看待，反对把人民看作牛羊。

汉魏以来，佛教宣扬"轮回"之说，认为人死以后，灵魂不灭，可能转生为别的动物。南北朝时，何承天根据"天地之性人为贵"的观点，批判了佛教的轮回迷信，他说：

> 夫两仪既立，帝王参之，宇中莫尊焉。……人非天地不生，天地非人不灵。……安得与夫飞沉蠕蠕并为众生哉？……至于生必有死，形毙神散，犹春荣秋落，四时代换，奚有于更受形哉？（《达生论》）

佛教把人和鸟兽鱼虫并称为"众生"，何承天则认为不应把人与别的动物同等看待。而且生必有死，形神俱灭，哪里会有来世来生呢？何承天是天文学家、无神论者，他肯定了人与别的动物的不同。

宋代理学家亦都肯定人有高于禽兽的价值，试以周敦颐、邵雍为例。周敦颐说：

> 二气交感，化生万物。万物生生而变化无穷焉，唯人也得其秀而最灵。（《太极图说》）

人是万物之中最灵的，在天地之间居于优越的地位。邵雍以数字来表示人的优异。他说：

>>> 宋代理学家亦都肯定人有高于禽兽的价值,邵雍以数字来表示人的优异。

> 人之所以能灵于万物者，谓其目能收万物之色，耳能收万物之声，鼻能收万物之气，口能收万物之味。……有一物之物，有十物之物，有百物之物，有千物之物，有万物之物，有亿物之物，有兆物之物。生一一之物，当兆物之物，岂非人乎？有一人之人，有十人之人，有百人之人，有千人之人，有万人之人，有亿人之人，有兆人之人。生一一之人，当兆人之人者，岂非圣乎？是知人也者，物之至者也；圣也者，人之至者也。（《皇极经世·观物内篇》）

一人的价值与一兆物的价值相等，所以人可以称为"物之至"。他在肯定人的价值的同时，又肯定圣人有超出一般人更高的价值。物可分为不同等级的物，人也可以分为不同等级的人。邵雍又说：

> 唯人兼乎万物，而为万物之灵。如禽兽之声，以其类而各能得其一，无所不能者人也。推之他事亦莫不然。唯人得天地日月交之用，他类则不能也。人之生，真可谓之贵矣。天地与其贵而不自贵，是悖天地之理，不祥莫大焉。（同上书，《观物外篇》）

人类之中虽可划分等级，但人类比于禽兽，确有高贵的价值。南宋朱熹尝论物类的不同说：

> 天之生物，有血气知觉者，人兽是也；有无血气知觉而但有生气者，草木是也；有生气已绝而但有形质臭味者，枯槁是也。是虽其分之殊，而其理则未尝不同；但以其分之殊，则其

理之在是者不能不异。故人为最灵，而备有五常之性，禽兽则昏而不能备，草木枯槁则又并与其知觉者而亡焉。(《文集》卷五十九《答余方叔》)

草木仅有生气，禽兽有血气知觉，人不但有血气知觉，而且具备"五常"之性，所以是最灵的。朱熹又从理气与人物的关系论人与物的不同说：

天道流行，发育万物，其所以为造化者，阴阳五行而已。而所谓阴阳五行者，又必有是理，而后有是气，及其生物，则又必因是气之聚而后有是形。然以其理而言之，则万物一原，固无人物贵贱之殊；以其气而言之，则得其正且通者为人，得其偏且塞者为物，是以或贵或贱而不能齐也。彼贱而为物者，既梏于形气之偏塞，而无以充其本体之全矣；唯人之生，乃得其气之正且通者，而其性为最贵，故其方寸之间，虚灵洞彻，万理咸备，盖其所以异于禽兽者，正在于此。……然其通也，或不能无清浊之异；其正也，或不能无善恶之殊。故其所赋之质，清者智而浊者愚；美者贤而恶者不肖，又有不能同者。(《大学或问》)

人得"正且通"之气，故"贵"；物得"偏且塞"之气，故"贱"。人所得之气，又有清浊美恶之分，所以人又有智愚贤不肖之别。朱熹试从气的"正""偏""通""塞"论证人物的差别，又从气的"清浊""美恶"论证人的贤不肖智愚的差别。朱熹的这些议论，貌似细密，实则缺乏事实的根据，所谓"正""通""偏""塞""清浊""美恶"云云，含义都不够明确。

朱熹从气的"清浊"来论证人的等级差别，又说："气有清浊，人则得其清者，禽兽则得其浊者。人大体本清，故异于禽兽；亦有浊者，则去禽兽不远矣。"（《语类》卷四）又说：

> 禀得精英之气，便为圣、为贤，便是得理之全，得理之正。禀得清明者，便英爽；禀得敦厚者，便温和；禀得清高者，便贵；禀得丰厚者，便富；禀得久长者，便寿；禀得衰颓薄浊者，便为愚、不肖，为贫，为贱，为夭。天有那气生一个人出来，便有许多物随他来。（同上）

这样，他把贤愚、富贵、贫贱都归结到"气禀"的不同；这样，这种学说为阶级压迫辩护的反动性，便完全暴露出来了。

朱熹的学说，虽然承认人为万物之灵，但又断言人与人之间贵贱、贫富、贤不肖的差别是必然的、当然的，实际上没有真正肯定劳动人民的生存价值。南宋以后，朱学成为统治思想。随着封建制度的日趋没落，朱学便成为钳制人心的反动思想了。

清代戴震总结了汉宋哲学思想，亦肯定人的价值。戴氏说：

> 卉木之生，接时能芒达已矣；飞走蠕动之俦，有觉以怀其生矣；人之神明出于心，纯懿中正，其明德与天地合矣。……是故人也者，天地至盛之征也，唯圣人然后尽其盛。（《原善》卷中）

>>> 朱熹的学说,虽然承认人为万物之灵,但又断言人与人之间贵贱、贫富、贤不肖的差别是必然的、当然的,实际上没有真正肯定劳动人民的生存价值。图为元代程棨《耕织图》(局部)。

人有知觉，有道德，是天地之间最高等的生物。戴震又说：

> 人之才，得天地之全能，通天地之全德。……智足知飞走蠕动之性，以驯以豢；知卉木之性，良农以蓻刈，良医任以处方。圣人神明其德，是故治天下之民。（同上）

这里，不仅肯定了圣人的价值，而且也肯定了良农、良医的价值。戴震是比较同情人民的。他肯定了人的价值，从而肯定了人民的基本欲望的正当性，他说：

> 凡出于欲，无非以生以养之事，欲之失为私，不为蔽。……《诗》曰："民之质矣，日用饮食。"《记》曰："饮食男女，人之大欲存焉。"圣人治天下，体民之情，遂民之欲，而王道备。（《孟子字义疏证》卷上）

戴氏以"体民之情，遂民之欲"为最高理想，这种伦理学说具有启蒙的性质。

在封建时代，阶级压迫是极其残酷的，劳动人民实际上受着非人的待遇，统治阶级并不尊重劳动人民的人格。进步思想家重视人的价值的言论，只是微弱的呼声。只有劳动人民起来进行反抗，砸碎钳制人民的枷锁，才能推动社会的进步。虽然如此，进步思想家关于人的价值的学说还是有一定意义的。

总起来说，中国古代多数思想家都肯定人有高于一般动物的价值，认为不能把人与牛羊犬马等同看待。他们要求把人当人看待，即看作自己的同类。这种思想在历史上具有一定的意义。多数思想家又认为人与人之间存在着贵贱、贫富的等级差别，不承认劳动人民有与统治阶级同等的价值，这表现了封建地主阶级的偏见，这是他们的历史局限性。

中国古代"天地之性人为贵"的思想，虽然没有否定等级制度，没有达到民主主义思想，却是民主思想的必要前提。如果认为可以把人和牛羊犬马同等看待，那民主也就无从谈起了。

有一种意见，认为人的价值的思想与等级制度是不相容的，封建时代的思想家既然维护封建等级制度，就不可能是肯定人的价值的；只有到了近代，资产阶级思想家反对等级制度，才有可能提出人的价值的观点。我们认为，这种见解是不全面的。中国封建时代，多数思想家虽然维护等级制度，却也肯定人有高于一般动物的价值，因而反对暴政，反对虐杀人民，这还是历史的事实。资产阶级所宣扬的人的价值，主要是指那与个人自由、个性解放密切联系的个人价值而言。实际上，资产阶级思想家虽然反对等级制度，却极力维护阶级差别，也何尝是真正重视人的价值？他们所重视的是资产阶级的个人价值，何尝重视劳动人民的个人价值？只有到了社会主义社会，消灭人剥削人的制度，才可能真正充分地肯定人的价值。而在社会主义社会中，如果不能抵制陈旧思想意识的腐蚀，也会出现贬低人的价值的现象。这也是值得警惕的。应该承认，关于人的价值的思想，在历史上有一个发展的过程。

古代的思想正是近代思想的一个来源。

# 第五章

# 中国文化与中国哲学

哲学是文化的思想基础。

文化的范围很广，包括哲学、科学、文学、艺术、宗教、教育、风俗，等等。哲学是文化的核心，是在文化整体中起主导作用的。科学、文学、艺术、教育等莫不受哲学思想的引导和影响。

文化有时代性（历史性），也有民族性。每一民族都有"表现于共同文化上的共同心理素质"。

一个民族的"共同心理"是怎样形成的？应是在占统治地位的哲学思想的熏陶之下形成的。所谓"共同心理"的基本内容是占主导地位的世界观和价值观。

## 第一节
## 中国哲学主要学派的分合与消长

先秦时代,主要有六家:儒、墨、道、法、名、阴阳。其中最重要的是儒、墨、道三家。名家资料散佚,法家主要是政治思想,阴阳家也仅有片段资料。儒、墨并称显学。道家是隐士思想,虽非显学,而影响广远。

儒家"尚仁""贵中"。"仁"的本义是承认别人也是人,是古代人道主义的开端。"仁"又是差等之爱,承认等级差别。"中"反对"过"与"不及",承认事物的发展有一个适度的问题。"中"要求维持现有制度,具有保守倾向。但在日常生活中,在一定范围内,确定"中"还是必要的。

墨家提出"兼爱""尚贤"等十大主张,其中最突出的是"非命""非乐"。墨家的特点是尚"力"贵"用"。尚力,故非命。贵用,故非乐。在阶级社会,人们不能掌握自己的命运,所以非命之说很难被人接受。非乐,完全否定艺术的价值,既不符合统治者的要求,亦不能满足劳动者的愿望。虽然如此,墨家尚"力"贵"用"的思想,仍有一定的价值。

>>> 儒、墨并称显学。道家是隐士思想,虽非显学,而影响广远。图为明代周臣《春泉小隐图》。

道家提出自然主义（"自然主义"一词，混淆了唯物主义与唯心主义的界限，但在一定范围内，还是可用的），对于本体论有重大贡献。但是道家的消极无为思想，虽然有批判专制制度的意义，而无助于保卫国家主权、维护民族独立。道家反对知识文化，宣称"文灭质、博溺心"，事实上却比较注意探索自然规律。

汉代"罢黜百家、独尊儒术"，于是诸子之学转入两汉经学。从两汉到明清，儒学虽有盛衰，但始终居于统治地位，而道家思想亦流传不绝。从两汉到明清，中国哲学思想的基本形势是儒道交融、墨学中绝。墨家"尚力贵用"的精旨湮没不彰。汉末佛教输入，后来流传渐广，到隋唐时代，形成儒佛争胜、三教鼎立的形势，亦出现三教合流的趋向。中国的佛教徒接受中国固有思想的影响创立了中国佛学。儒家学者也汲取了道家、佛教的若干观点。到宋代，理学继承、宣传孔孟的基本思想，采纳了道家、佛教的若干思想资料，开辟了儒家的新阶段。明清之际的进步思想家又突破了理学的局限，达到中国古典哲学的高峰。

到近代，西学输入，进步思想家开始接受西方的自然科学知识与哲学观点。顽固派则盲目守旧，拒绝新知。这样，出现了新旧对立、中西争胜的形势。大势所趋，新学终于战胜旧学。随着革命形势的发展，马克思主义哲学的传播日益深入人心。30年代也有部分学者企图建立融会中西的体系。新中国成立，马克思主义哲学取得领导地位。现在的任务是研究新情况、解决新问题，在马克思主义普遍真理的指导之下，进一步推动哲学的发展。

## 第二节

## 中国哲学的基本观点与基本倾向

中国哲学有一些基本观点，表现了一些基本倾向。

## 一 天人合一与天人交胜

孟子讲尽心、知性、知天（《孟子·尽心》），这是天人合一观点的开端，但孟子没有直接提出天人合一。

孟子认为性的内容就是"恻隐之心、羞恶之心、辞让之心、是非之心"，所以尽心就能知性。孟子以为"心之官则思，思则得之，不思则不得也。此天之所与我者"（《孟子·告子上》）。心性是天所赋予，所以知性也就知天。孟子此说，简而未明。

《易传》提出"与天地合德"的思想："夫大人者，与天地合其德，与日月合其明，与四时合其序，与鬼神合其吉凶，先天而天弗违，后天而奉天时。"（《乾卦·文言》）又提出"后以财成天地之道，辅相天地之宜"（《泰卦·象辞》）及"范围天地之化而不过，曲成万

>>> 孟子讲尽心、知性、知天（《孟子·尽心》），这是天人合一观点的开端，但孟子没有直接提出天人合一。孟子认为性的内容就是"恻隐之心、羞恶之心、辞让之心、是非之心"，所以尽心就能知性。图为明代唐寅《悟阳子养性图》。

物而不遗"（《系辞上》）的原则，有重要的理论意义。

荀子强调"明于天人之分"（《天论》），以为"天有其时，地有其财，人有其治，夫是之谓能参。舍其所以参，而愿其所参，则惑矣"（同上）。但是荀子也不否认天与人的联系，认为"礼有三本：天地者，生之本也；先祖者，类之本也；君师者，治之本也"（《礼论》）。

董仲舒宣扬"天人感应""人副天数"，讲"天亦有喜怒之气、哀乐之心，与人相副。以类合之，天人一也"（《春秋繁露·阴阳义》）。这是天人合一的粗陋形式。

王充全面批判了"天人感应"思想，断言："天本而人末也"，"天至高大，人至卑小"（《论衡·变动》）。天与人是不能相提并论的。唐代刘禹锡进一步批判天人感应，提出"天与人交相胜"的学说，以为"天之道在生植，其用在强弱；人之道在法制，其用在是非"。强者胜弱，"力雄相长"，是"天之能"；建立规范，"右贤尚功"，是"人之能"（《天论》）。刘禹锡比较明确地肯定了自然规律与人类道德的区别。

到宋代，天人合一思想得到进一步的发展。张载明确提出了"天人合一"的命题，但也承认天之道与人之道有分别。张载强调"天人合一"，旨在批判佛教。他认为佛教"以人生为幻妄，以有为为疣赘，以世界为荫浊"，是根本错误的："以人生为妄，可谓知人乎？天人一物，辄生取舍，可谓知天乎？"（《正蒙·乾称》）天和人都是实在的，"天地之塞吾其体，天地之帅吾其性"（《西铭》），充满于天地之间的气，构成了我的身体；作为气的统帅的天地之性，也即是我的本性。天与人是统一的，张载亦承认天与人的分别：

> 老子言"天地不仁，以万物为刍狗"，此是也；"圣人不仁，以百姓为刍狗"，此则异矣。圣人岂有不仁？所患者不仁也。……"鼓万物而不与圣人同忧"，则于是分出天人之道。……圣人所以有忧者，圣人之仁也。不可以忧言者，天也。盖圣人成能，所以异于天地。（《横渠易说·系辞上》）

天是"鼓万物而不与圣人同忧"的，人则不能无忧；天地可以说"不仁"，圣人则以仁为最高规范。

程颢以"与物同体"讲天人合一，他说："学者须先识仁。仁者浑然与物同体……天地之用皆我之用。"（《程氏遗书》卷二上）"医书言手足痿痹为不仁，此言最善名状。仁者以天地万物为一体，莫非己也。认得为己，何所不至？若不有诸己，自不与己相干，如手足不仁，气已不贯，皆不属己。故'博施济众'，乃圣之功用。"（同上）天地万物和我属于一体，如果不认识天地万物与自己属于一体，就是麻木不仁。程颢又说："人与天地一物也，而人特自小之，何耶？"（同上书卷十一）不承认万物一体就是"自小"。

程颐不讲"与物同体"，而强调天道、人道的同一性。他说："道未始有天人之别，但在天则为天道，在地则为地道，在人则为人道。"（《程氏遗书》卷二十二上）南宋以后，朱熹继承程颐的观点，王守仁继承程颢的观点，王夫之继承张载的观点。程、朱、王守仁属于唯心主义，张载、王夫之则是唯物主义，但都肯定天人合一。就中张载、王夫之也承认天人的区别，他们的基本观点是天人既统一而又

161

有别。

中国哲学中天人合一观点的复杂含义,主要包含两层意义:第一层意义是,人是天地生成的,人的生活服从自然界的普遍规律;第二层意义是,自然界的普遍规律和人类道德的最高原则是一而二、二而一的。这第一层意义是正确的,而第二层意义混淆了事物的层次区别,是不正确的。近代西方有一种流行的观点,认为原始人没有把自己与自然界区别开来,后来文明进步,人们才将人和自然界区别开来,这标志着人的自觉。可能有人认为原始人的意识表现了天人合一观点。应该指出,如果把中国哲学所谓"天人合一"看作是一种没有达到人的自觉的思想,那就大错特错了。应该承认,原始人不分人与自然,是原始思想;后来区分了人与自然,是原始思想的否定,而中国哲学所谓"天人合一",则是否定之否定。张载以天人合一批判佛学,程颢强调:"人与天地一物也,而人特自小之,何耶?"这些都明确表明,中国哲学家认为肯定天人合一才达到人的自觉,这可谓高一级的自觉。把人与自然界区别开,是人的初步自觉;认识到人与自然界既有区别也有统一的关系,才是高度的自觉。

## 二 知行合一与知行相资

中国哲学有一个基本要求,即认识与行为、思想与生活必须相互符合、相互一致。孔子说:"知之者不如好之者,好之者不如乐之者。"(《论语·雍也》)不但要知之,而且要好之、乐之。乐之即实行所知而感到一种乐趣。孔子又说:"笃信好学,守死善道。"(同上书,《泰伯》)既要好学求知,又要坚持真理,"宁为善而死,不为恶而生"(皇侃《疏》)。孟子一方面要求知道,另一方面更要求行道,他说:"行之而不著焉,习矣而不察焉,终身由之而不知其道者,众也。"(《孟子·尽心上》)又说:"居天下之广居,立天下之正位,行天下之大道。得志,与民由之;不得志,独行其道。"(同上书,《滕文公下》)有些原则是任何人所不能违背的,但许多人并不自觉。有些原则是一般人不易做到的,更须坚持实行。荀子论知行的轻重说:"闻之不若见之,见之不若知之,知之不若行之。学至于行之而止矣。行之,明也。明之为圣人。"(《荀子·儒效》)唯有实行,才能达到"明"的境界。

程颢、程颐肯定知对于行的指导作用。程颢说"学者须先识仁。……识得此理,以诚敬存之而已"(《程氏遗书》卷二上),从事仁的修养,须先"识得此理"。程颐说:"须是知得了,方能乐得。故人力行,先须要知。"(《程氏遗书》卷十八)又说:"除非烛理明,自然乐循理。"(同上)"二程"更认为最高的认识和最高的精神境界是一致的:理论学说应是精神境界的表述。《程氏遗书》中"二先生语"云:"有有德之言,有造道之言,有述事之言。有德者,止言己分事。造道之言,如颜子言孔子,孟子言尧舜,止是造道之深,所见如是。"(卷二上)又载程颐说:"有有德之言,有造道之言。有德之言说自己事,如圣人言圣人事也。造道之言则知足以知此,如贤人说圣人事也。"(卷十八)"有德之言"即是修养境界的宣述,表达了最高的认识,也显示出知行的高度统一。

>>> 王守仁提出"知行合一"之说,他所谓知行合一,其含义比较复杂而含混,既含有知行相互依存的意义,又有混淆知行界限的倾向。图为王阳明像。

王守仁提出"知行合一"之说,他所谓"知行合一",其含义比较复杂而含混,既含有知行相互依存的意义,又有混淆知行界限的倾向。王夫之批评王守仁所谓"知行合一",指出那是"销行以归知""以知为行"(《尚书引义》卷三)。这个批评是相当深刻的,但是王守仁讲所谓知行合一之时也还强调知行的相互依存。王夫之提出"知行相资"的命题,比较明确地说明了知行相互依存、相互转化的关系。知行合一,如果加以正确的解释,还是可讲的。

在中国哲学中,天人合一与知行合一的观点占有主导地位,这对于中国文化的发展有广泛的影响。讲天人合一,于是重视人与自然的调谐与平衡,这有利于保持生态平衡,但比较忽视改造自然的努力。讲知行合一,而所谓"行"主要是道德履践,于是所谓"知"也就主要是道德认识,从而比较忽视对于自然界的探索。其间的复杂关系值得我们进一步研究。

## 三 中国哲学的价值观

中国哲学学说中与文化发展关系最密切的是价值观思想。古代哲学中,儒、墨、道、法各家都有自己的价值观,可惜多年以来中国哲学史研究中对于价值观思想论述较少。儒家"义以为上",把道德看作是有价值的,同时又肯定人的价值,宣称"天地之性人为贵"。墨家比较重视功用,把道德与功用结合起来。道家否认一切人为的价值,以自然而然为最高价值。法家专讲富国强兵,完全否定道德文化的价值。

价值观的争论集中在两个问题上,一为义与利的问题,二为力与德的问题。

孔子主张"义以为上"(《论语·阳货》),要求"见利思义"(同上书,《宪问》),认为道德才是最高价值,但也不是完全排斥利,在重义的同时,也要求"因民之所利而利之"(《尧曰》)。孟子肯定生命和道德都是有价值的,"生亦我所欲也,义亦我所欲也"(《孟子·告子上》),但是,如"二者不可得兼",则应"舍生而取义者也"。孟子把"利"与"仁义"对立起来(《梁惠王上》),把"为利"与"为善"对立起来(《尽心上》)。董仲舒提出"正其谊不谋其利"的命题,明确地表达了儒家的观点。宋代"二程"、朱、陆都强调"义利之辨"。所谓"义利之辨"有两层含义,一是反对私利,二是肯定道德理想才具有最高的价值。孔、孟所反对的利都是指私利而言,所谓"上下交征利,而国危矣"(《梁惠王上》)。但又认为公利也还不是最高价值,最高价值是道德理想的实现。这也就是说,人们不但有物质利益,而且有精神要求,提高精神境界才是最重要的。

墨家肯定公利就是最高价值,强调"国家百姓人民之利"(《墨子·非命上》)。墨家肯定义利是统一的,《墨子·经上》云:"义,利也。"同书《大取》云:"义利,不义害。"国家百姓人民之利就是最高价值,就是道德的最高准则。墨家所谓"利"指公利而言。

后来儒家中也有肯定义利的统一的。如宋代张载说:"义公天下之利。"(《正蒙·人易》)清初颜元改董仲舒"正其谊不谋其利"为"正其谊以谋其利"(《四书正误》),强调必须兼重义利。

义利问题包含个人利益与社会利益、物质需要与精神需要的关系问题。

力与德也是一个重要问题，儒家把力与德对立起来，孔子说："骥，不称其力，称其德也。"(《论语·宪问》)骥是千里马，日行千里是其力，孔子以为骥的价值更在于性情善良。孟子区别了"以力服人"与"以德服人"，认为："以力假仁者霸，霸必有大国；以德行仁者王，王不待大。"(《孟子·公孙丑上》)儒家忽视力的价值。

墨子强调力的重要，认为人类生活的特点是"赖其力者生，不赖其力者不生"(《墨子·非乐上》)，必须用力才能维持生活。墨子把力与命对立起来，他说：

> 昔桀之所乱，汤治之；纣之所乱，武王治之。……天下之治也，汤、武之力也；天下之乱也，桀、纣之罪也。若以此观之，夫安危治乱，存乎上之为政也，则夫岂可谓有命哉！……今贤良之人，尊贤而好道术……遂得光誉令闻于天下，亦岂以为其命哉？又以为其力也。(同上书，《非命下》)

墨家认为力与命是对立的，而力与德是统一的。

法家韩非以为崇德尚力因时代而不同，"上古竞于道德，中世逐于智谋，当今争于气力"(《韩非子·五蠹》)。上古时代讲道德就可以解决问题了，到战国时代只有靠力量战胜别人。韩非的观点与孟子相反，但也把德与力对立起来。

王充批评韩非的"偏驳"，提出德力并重的观点：

>>> 力与德也是一个重要问题，儒家把力与德对立起来，骥是千里马，日行千里是其力，孔子以为骥的价值更在于性情善良。图为唐代韩幹《十六神骏图》。

> 治国之道，所养有二：一曰养德，二曰养力。养德者，养名高之人，以示能敬贤；养力者，养气力之士，以明能用兵。此所谓文武张设，德力具足者也。事或可以德怀，或可以力摧，外以德自立，内以力自备。……夫德不可独任以治国，力不可直任以御敌也。（《论衡·非韩》）

王充关于德力问题的观点是深刻的、全面的。

儒家崇德轻力的思想影响深远，墨家王充德力并重的观点没有引起足够的重视。西方有所谓"力之崇拜"，在中国则无其痕迹，这也是中西文化的相异之点。

## 第三节
## 中国文化的基本精神与主要缺点

中华民族屹立于世界东方五千年，创造了中国文化。中国文化虽然经历了盛衰变迁，但始终延续不绝。这就足以证明，中国文化必然有其优秀传统。从16、17世纪以来，中国的科学技术落后了，中国没有能够自己创造出近代实证科学。这也足以证明，中国文化具有一定的缺点。中国文化在近代的落后有其经济、政治的原因，也必然有其思想根源。中国文化的基本精神如何？其主要缺点何在？这都是值得研究的问题。

### 一　刚健自强的基本精神

过去有一种观点，认为中国文化是柔静的文化。应该指出，这是从表面看问题。道家宣扬柔静，老子"贵柔"，周敦颐提倡"主静"，固然都有一定影响，但这不是中国文化的主流。仅仅推崇"柔静"，是不可能创造出灿烂的文化业绩的。作为中国文化的基本精神

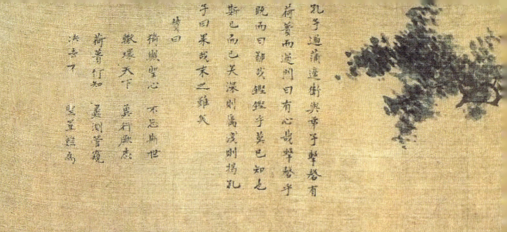

>>> 作为中国文化的基本精神的，应是刚健有为、自强不息的思想态度。孔子重视"刚"，他的生活态度是"发愤忘食，乐以忘忧"，这是一种积极有为的态度。图选自清代焦秉贞《圣迹图》。

的，应是刚健有为、自强不息的思想态度。孔子重视"刚"，他的生活态度是"为之不厌"（《论语·述而》），"发愤忘食，乐以忘忧"（同上），这是一种积极有为的态度。孔子的这些思想，《易传》有进一步的发展。《象传》提出"刚健"观念，赞扬刚健精神，"刚健而文明"（《大有》），"刚健笃实辉光"（《大畜》）。《易传》提出"自强不息"的原则："天行健，君子以自强不息。"（《乾卦》）《易传》倡导的"自强不息"精神在中国历史上产生了深远的影响，激励着古往今来进步的政治家、思想家、科学家奋勇前进。现在多数哲学史工作者都认为《易传》是战国时期的作品，但在历史上，从两汉以至近代，多数学者认为《易传》是孔子撰写的著作，所以"刚健"学说就是以孔子的名义在历史上起作用的，成为中国文化发展的一个重要原则。

儒家的刚健思想与道家的柔静思想并行对峙，但刚健思想占有主导地位。王弼注《易》，以老解孔，释《复卦》"复其见天地之心乎"说：

> 凡动息则静，静非对动者也；语息则默，默非对语者也。然则天地虽大，富有万物，雷动风行，运化万变，寂然至无，是其本矣。

这把寂静看作绝对的。程颐注《易》，矫正王弼的观点，他说："一阳复于下，乃天地生物之心也。先儒皆以静为见天地之心，盖不知动之端乃天地之心也。非知道者，孰能识之？"（《周易程氏传》卷第二）这肯定了动的重要性。

墨家的生活态度比儒家更积极,"日夜不休,以自苦为极。"(《庄子·天下》)墨家的苦行主义难以普遍推广,汉代以后,墨学中绝了。在中国文化发展中起主导作用的还是孔学。到了近代,孔学也过时了。

## 二 以德育代替宗教的优良传统

孔子学说还有一个精湛的观点,即"务民之义,敬鬼神而远之,可谓知矣"(《论语·雍也》)。这可以说是以道德教育代替宗教。《论语》又载:"季路问事鬼神。子曰:'未能事人,焉能事鬼?'曰:'敢问死!'曰:'未知生,焉知死?'"(《先进》)"事人""知生"是道德修养问题,"事鬼""知死"是宗教家的问题。孔子不愿谈论鬼神和死后的问题,显示了对于宗教的冷淡态度。孔子以后,孟荀以至宋儒都继承了孔子的这种观点,从而形成了中国传统文化的一个特点。

## 三 德力分离的不良倾向

孔子鼓吹道德教育,但不能认识德与力是相辅相成的。墨家强调"竭力从事"(《墨子·天志上》),把"力"看作实行道德的一个条件。在这一问题上,墨家是正确的。墨学中绝,墨家尚力的学说没有得到发展。中国传统文化,偏重道德的提高,忽视力量的培养。事

>>> 孔子不愿谈论鬼神和死后的问题,显示了对于宗教的冷淡态度。图为清代佚名《孔子世家图册·治任别归》。

实上，物质生活与精神生活是相成互济的，如果物质力量虚弱不实，精神境界也就难以提高。以力压人，以势凌人，是不文明的现象。没有物质基础的道德说教也是起不了实际作用的。

## 四 继往与创新的关系问题

　　孔子自称"述而不作，信而好古"（《论语·述而》），这种学风对于保持历史遗产起了积极作用，但是也引起了因循守旧的不良倾向。墨子主张述而且作，"古之善者则述之，今之善者则作之，欲善之益多也"（《墨子·耕柱》），这种态度较孔子"述而不作"为进步。但墨子又说："吾言足用矣，舍吾言革思者，是犹舍获而攈粟也。"（同上书，《贵义》）主张自己创新却反对别人创新，这就不好了。

　　汉代独尊儒术以后，经学占据了统治地位，束缚了人们的独立思考，阻塞了探索未知领域的前进道路。除少数学者之外，多数人都缺乏创新精神。在西方近代初期，不打破神学的统治就难以革新；在中国，不打破经学的束缚也难以前进。中国近代学术远远落后于西方，因循守旧的习气窒息了创新的生机也是一个重要的原因。

　　创新即发现新情况，揭示新规律，发明新器具，从而开阔发展的新阶段。文化的发展离不开创新，但是创新仍应以前人已经取得的成果为基础。

## 五 文化系统的分析与综合

每一民族的文化形成一个文化系统。每一民族的一定时代的文化也形成自己的系统。任何文化系统都包含若干要素,可称为文化要素。要素是近代的名词,如用中国旧名词来说,可称为节目或条目。

不同的文化系统包含一些共同的文化要素,也各自包含一些不同的文化要素。前者表现了文化的普遍性,后者表现了文化的特殊性。

一个文化系统所包含的文化要素,有些是不能脱离原系统而存在的,有些是可以经过改造而容纳到别的文化系统中去的。

不同的民族文化各有其独立性,但是也可以相互吸收相互融合,这是常见的历史事实。

同一文化系统或不同的文化系统所包含的文化要素之间有相容与不相容的关系。有些不同的文化要素,虽然似乎相反,实际上却是相辅相成,相互补充。如果仅取其一个而排斥另一个,就会陷于偏失,引起不良的后果。

古代儒家强调道德教育,不重视法治;法家则专重法治,完全否认道德教育的价值。事实上,道德教育和法律制度是相辅相成,缺一不可的。孟子说:"徒善不足以为政,徒法不能以自行。"(《孟子·离娄上》)这句话是对的。但孟子对于法还是重视不够。韩非强调"不务德而务法"(《显学》),"仁义爱惠之不足用,而严刑重罚之可以治国"(《奸劫弑臣》),宣称:"夫贤、势之不相容亦明矣"(《难势》)。事实上德与法是相辅相成的,贤与势更非不相容。

文化的内容是多方面的,愈丰富就愈繁荣,万紫千红胜过孤芳自赏。

但是也有一些文化要素,各属于不同的时代、不同的地域,不能脱离原来的系统,不可能勉强地拼凑在一起。清初王夫之曾论古今的不同说:

> 一代之治,各因其时,建一代之规模以相扶而成治,故三王相袭,小有损益,而大略皆同。未有慕古人一事之当,独举一事,杂古于今之中,足以成章者也。……举其百,废其一,而百者皆病;废其百,举其一,而一可行乎?(《读通鉴论》卷二十一)

又说:"郡县之与封建殊,犹裘与葛之不相沿矣。……封建也,学校也,乡举里选也,三者相扶以行,孤行则踬矣。"(同上书,卷三)船山的这番议论确实精湛。古今的差别如此,中外的差别亦有类似的情况。

例如清末有"中学为体,西学为用"之说,企图把"三纲""五伦"的旧伦理与近代的科学技术结合起来。事实上君主专制和封建道德与近代科学的发展是不相容的。

那么,不同的民族文化只有各自独立,或者只有"全盘西化"才是出路吗?这又不然。不同民族文化的融合,扬长补短,历史上不乏实例。保持自己的良好基础,学习先进文化的最新成就,以促进自己民族文化的发展,不仅是必要的,而且是可能的。这就是发现文化

>>> 中国医学与西方医学各自具有自己的系统。西方医学已经发达到非常精密的程度，超迈前古。但是中医的一些优点仍为西医所不具备。中国医学确有实效。图为明代陈洪绶《采药图》。

要素之间的相容与不相容、可离与不可离的关系。有些文化要素彼此不能相离，有些则是可以相离的。

我们进行实际考察，就可以发现，不同的民族文化包含的文化要素有许多是并行不悖，甚至是可能相得益彰的。

举例来说，中国医学与西方医学各自具有自己的系统。西方医学已经发达到非常精密的程度，超迈前古。但是中医的一些优点仍为西医所不具备。中国医学确有实效。中医的一些理论至今仍令人感到神秘难解，可能只有进一步运用最新科学才能予以明确的诠释。中西医结合的前景是十分光辉的。

中国绘画、中国音乐、中国建筑都有其独具的特色。西方绘画、西方音乐、西方建筑也都是应该学习的，但能够否认中国绘画、中国音乐、中国建筑的独特价值吗？关于音乐，有些人称中国音乐为民族音乐，似乎西方音乐才是音乐的正宗，这种民族自卑的作风，还是半殖民地的遗风。现代西方建筑采取了现代技术，确有古代中国不能及之处，但是建筑的民族形式仍有可取的优点。

最根本的问题是语言。以前殖民地的人民大多放弃本民族的语言而采取殖民主义者的语言，这是一种奴才作风。全盘西化论者是否也认为语言要西化呢？学习外语是必要的，废弃自己的民族语言，也就要丧失民族的独立性了。

应该承认，中西医学、中西艺术，都是并行不悖的，而且可以达到新的结合。

近代西方科学的发展有其经济政治以及哲学的基础。应该承认，近代科学的发展与封建专制是不相容的，与民主制度、学术自由是不

>> > 中国绘画、中国音乐、中国建筑都有其独具的特色。西方绘画、西方音乐、西方建筑也都是应该学习的,但能够否认中国绘画、中国音乐、中国建筑的独特价值吗?图为清代徐扬《京师生春诗意图》。

相离的。科学的发现与发明只能产生于学术自由的环境中，只能存在于鼓励独立思考的气氛中。

西方近代科学与西方的宗教、艺术、教育、风俗等共同构成一个文化系统。但是，科学是在与宗教斗争中发展的，科学和同时的艺术、风俗等也没有不可分离的关系。我们没有必要把近代西方的宗教、风俗都移植过来。

现在的中国已达到社会主义时代，我们的历史任务是创造具有中国特色的社会主义物质文明和精神文明。我们必须：第一，坚持并发扬马克思主义的普遍原理；第二，学习并赶上近代西方的科学技术；第三，考察、分析、选择、继承中国固有文化的优秀传统。我们必须慎重考察古今中外不同的文化系统所包含的文化要素之间的相容与不相容的关系以及可离与不可离的关系。从某一系统中选取一定的要素，应以是否符合客观实际、是否适合社会发展的客观需要为准则。任何系统都是可以剖析的。黑格尔哲学是一个相当严密的系统，而马克思、恩格斯却看出黑格尔哲学系统与其方法的矛盾，在批判其哲学系统的同时却剥取了黑格尔辩证法的合理内核。哲学思想的批判继承往往如此：一切符合客观实际的正确思想必然能够脱离其原来的系统而独立存在；一切适合社会发展需要的文化成果也必然是并行不悖、彼此相容的。社会主义文化必然是一个新的创造，同时又是多项有价值的文化成果的新的综合。我们要排除一切浅见与偏向，努力创造光辉灿烂内容丰富的新中国文化。

第六章

# 中国古代哲学的基本特点

中国古代哲学有一些与西方古代哲学和印度古代哲学不同的特点。所谓古代，包括上古、中古和近古。在中华民族的历史上，先秦时代可谓上古；两汉至隋、唐、五代，可谓中古；宋、元、明、清可谓近古。中国古代哲学的特点是一个非常复杂的问题。1956年，我曾经写过一篇《中国古代哲学的几个特点》（后来收入拙著《中国哲学发微》）。近年以来，我重新考虑这个问题，有一些进一步的体会。现在写出来，就正于研究中国哲学史的同志们和朋友们。

中国传统哲学，在不同的时代，都有若干不同的派别。这里所讲的只能是古代多数思想家的共同特点，不可能是所有各派思想家的共同特点。先秦时代，儒、墨、道、法的学说彼此不同；汉、魏以后，佛教输入了，佛教学说与中国固有的哲学思想更有很大的差别。宋代出现了理学或道学，可称为新儒家学说。两汉以后，辛亥革命以前，儒家始终居于正统地位，而道家学说也流传不绝。佛教曾经盛极一时，但始终没有成为正统思想，只能居于旁统。本文所讲，主要是先秦儒、道两家以及宋、元、明、清时代新儒家思想的基本特点。至于中国佛学的特点，我没有作过深入的探讨，暂时存而不论。现在，个人的管见以为，中国传统哲学至少表现了四个基本特点：第一，本体论、认识论与道德论的统一；第二，整体与过程的观点;第三,现实生活与道德理想统一的观点;第四,经学与哲学的结合。分别论证如下。

## 第一节
## 本体论、认识论、道德论的统一

中国古代哲学以伦理道德问题为中心，但是也有本体学说和关于认识问题的探讨。本体学说，用传统名词来说，可称为"天道论"或"道体论"。老、庄论道较详，周敦颐《太极图说》首标无极、太极，张载《正蒙》畅论太和与神化，朱熹的《语类》首列理、气，这些都是中国传统的本体学说。中国传统哲学的一个显著特点是把本体论、认识论与道德论统一起来。西方近代哲学中，斯宾诺莎《伦理学》表现了本体论与道德论的统一；黑格尔《逻辑学》表现了逻辑、辩证法与认识论的统一。中国传统哲学基本上是封建时代的哲学，与近代资产阶级哲学不可同日而语，但亦不妨相互参照。

中国哲学中本体论、认识论与道德论的统一表现于两个方面：第一，以为宇宙最高本体即是道德的最高准则或基本根源；第二，强调求知方法与修养方法的一致。

>>> 老、庄论道较玄，周敦颐《太极图说》首标无极、太极，张载《正蒙》畅论太和与神化，朱熹的《语类》首列理、气，这些都是中国传统的本体学说。图为明代吴伟《太极图》，描绘古树下一仙人笑容可掬，手展太极画卷，人物的表情和心态妙趣横生。

## 一 宇宙本体与道德伦理的联系

　　孔子哲学的最高概念是天，以天为人类生活的最高准则，他说："唯天为大，唯尧则之。"(《论语·泰伯》)老子哲学的最高概念是道，他认为人生的理想是"法道""从道"。他说："人法地，地法天，天法道。"又说："孔德之容，唯道是从。"老子认为道是"无为而无不为"的，人也应"无为而无不为"。董仲舒宣扬"道之大原出于天"。他所谓道，指人生之道，而人生之道是自天出的。到宋代，理学家力图把道德原则与宇宙的最高根源统一起来。周敦颐《通书》的中心观念是"诚"，认为诚是"五常之本，百行之源"，而诚是天道的表现："乾道变化，各正性命，诚斯立焉。"张载从世界的统一性来讲道德的基础，"天地之塞吾其体，天地之帅吾其性"，人和物都是气所构成的，具有共同的本性，因而应该爱人、爱物，主张"民吾同胞，物吾与也"。万物都是气所凝聚而成，气含有"浮沉升降动静相感之性"，这性是万物共同的本性，"性者万物之一源，非有我之得私也"，所以应该"立必俱立，爱必兼爱"。张载力图为伦理道德提供本体论的基础。他的本体论是气一元论，从气的统一性引出道德来，不免有些迂曲。程颢、程颐则直接把道德原则与宇宙本体彻底统一起来，以为宇宙的最高实体是"理"，而"理"的内容就是仁、义、礼、智。朱熹更以"理"为太极，太极即是天地的本原、至高无上的绝对，也就是伦理道德的最高准则。实际上，程、朱学派是把道德原则抬高到天地之上，赋以绝对的意义。与程、朱不同，陆九渊、王守仁则把道德原则纳入心中，宣扬"心即理""心外无理"，认为仁、义、礼、智等道德原则是人心固有的天赋观念，是人的主观意识的内在要求。宋明理学把宇宙的普遍规律，与人类社会的一个历史阶段中出现的道德准则统一起来，宣扬永恒的道德，表现了理学的时代的与阶级的特点和局限。

## 二 求知方法与修养方法的一致

孔子兼重学与思，而学与思的目的在于"闻道"，其所谓"道"主要是人生之道。孔子所力求的是人生的智慧。他又兼重仁与智，并将仁与智统一起来，"仁者安仁，知者利仁"，仁者与智者还是统一于仁，求道与求仁是一致的。

老子菲薄知识，但又极力探求客观世界的普遍规律。他强调"虚静""致虚极，守静笃"，"虚静"是体认最高本体"道"的方法："为学日益，为道日损，损之又损，以至于无为。""损之又损"即是"虚静"，这既是体认"道"的方法，也是提高精神境界的方法。庄子讲"外生"而后能"朝彻""见独"（《大宗师》），又讲"无思无虑则知道"（《知北游》），都是把追求真理的方法与提高精神境界的方法统一起来。在道家，以"无知"为最高的知，以"无为"为最高境界，既反对追求知识，又鄙视积极的修养，实际上是归结为虚无主义，不过是追求主观幻想的自我陶醉而已。荀子采纳了道家的"虚静"观念而加以改造，提出"虚一而静"的"解蔽"方法，从道家的虚无思想转到唯物主义的客观方法。"虚壹而静"既是求知的方法，

老子李耳字伯陽楚國苦縣厲鄉曲仁里人
唐帝王追為李姓始祖曾做過周朝守藏室之
官 老子以道釋萬物之演變獨立不改周行而
不殆是為反者道之動正復為奇善復為妖天
下萬物生於有有生於無天之道損有餘而
補不足人之道則不然損不足以奉有餘民
之難无以其上求生之厚民不畏无奈何以
无矩之固而人法地地法天天法道道自
然守藏室為周朝典籍收藏之所是以
天下之文収天下之書而老子處其中
博覽泛觀新臻佳境通禮樂之源明道
德之者矣
辛卯孟春 隴西沙門慧壽

>>> 老子菲薄知识，但又极力探求客观世界的普遍规律。图为清代万寿祺《老子》。

又是道德修养的方法，这更是非常明显的。

宋代理学讲"致知"方法与"涵养"方法，达到了新的水平。张载以关于宇宙神化（自然的复杂而细微的运动变化）的认识为最高的知识，而强调对神化的认识以"无我"的道德修养为基础。他说："穷神知化，乃养盛自致，非思勉之能强，故崇德而外，君子未或致知也。"（《正蒙·神化》）实际上，"致知"与"崇德"是相辅相成的两件事情，"致知"有待于"崇德"，而"崇德"也有待于"致知"。张载把"致知"归结于"崇德"，这就陷于一偏了。

程颐讲"格物穷理"，其所谓"穷理"，既是求知的方法，也是道德修养的方法。所穷之"理"，既是客观事物的普遍规律，又是人伦道德的基本原则。朱熹《大学章句》的补格物章，阐述程颐的基本思想。朱熹说：

> 所谓"致知在格物"者，言欲致吾之知，在即物而穷其理也。盖人心之灵，莫不有知；而天下之物，莫不有理。唯于理有未穷，故其知有不尽也。是以《大学》始教，必使学者即凡天下之物，莫不因其已知之理而益穷之，以求至乎其极。至于用力之久，而一旦豁然贯通焉，则众物之表里精粗无不到，而吾心之全体大用无不明矣。

这段话包含两层意义：第一，探求天下万物之理，以达到"众物之表里精粗无不到"；第二，通过对于天下万物之理的认识而达到"吾心之全体大用无不明"，即达到心的自我认识。达到心的自我认识，这是精神境界的提高；而穷尽天下万物之理，这还是对于客观世界的认识。所以，这所谓"即物穷理"包括两个方面：一是求知方法，二是修养方法。近年有些关于哲学史的论著，以为朱熹所讲只是修养方法，并无探求外界知识的意图。这种见解，我认为是不全面、不准确的。朱氏这里明确肯定"天下之物莫不有理"，这是符合唯物主义观点的，他以"众物之表里精粗无不到"为理想，虽然有独断论的倾向，却也避免了不可知论的偏谬。在实际上，朱熹对于一些自然现象也进行过一些实际观察和推测，他不是专门沉溺于玄想的。如果不承认朱熹"即物穷理"之说具有认识论的意义，那就未免陷于主观主义了。

陆九渊以为"格物"只是"明心"，王守仁以为"格物"只是"正念"，不承认客观事物的存在。他们又认为心中之理即是宇宙的最高本体。他们所谓"发明本心"，既是修养的方法，而且也是体认宇宙最高原理的方法。

王夫之提出"知以行为功"的著名命题，他所谓"行"包括日常活动和道德履践，他认为从事于实际活动可以达到认识的效果。王夫之认识论的特点是区分"格物"与"致知"为二："博取之象数，远证之古今，以求尽乎理，所谓格物也；虚以生其明，思以穷其隐，所谓致知也。"（《尚书引义》）"格物"是专门求知的方法，"致知"则包括修养方法。王夫之的贡献是既肯定"求知"与"修养"的联系，又注意到二者的区别。

颜元猛烈攻击程朱，提出"见理于事"即在实际活动中认识客观规律的主张，他强调在"习行"中认识事物之理，所谓"习行"包括道德履践。颜氏所谓习行，既是修养的方法，也是求知的方法，也重视两者的统一。

总而言之，宋明理学家和一部分反对理学的思想家都重视求知方法与修养方法的统一。

总括以上两个方面，在中国古代儒道两家哲学中，本体论与道德论是统一的，修养论又与方法论是统一的，于是形成本体论、认识论与道德论合三为一的情况。

## 第二节

## 整体与过程的观点

近年以来，有人提出中国所特有的思维方式的问题，这是一个值得深入探索的重要问题。管见以为，如果中国古代哲学有自己的独特的思维方式，这就是中国古代的辩证思维的方式。自《周易》《老子》以来，中国古代的辩证思维是非常丰富的，对于对立统一的规律，先秦和宋明思想家确实都有比较明确的阐述。这是中西之所同。中国的辩证思维中最具特色的，应是整体观点与过程观点。中国哲学与中国医学，都把全世界看作一个整体，把每一人的身心、每一个动物、每一个植物，都看作一个整体；同时又把全世界看作一个过程，把每一事物的存在也看作一个过程。在中国古代哲学著作中，整体称为"全"或"统体"，过程称为"行"或"流行"。而整体与过程是现在常用的名词。

孔子在川上说："逝者如斯夫，不舍昼夜。"（《论语·子罕》）又尝说："四时行焉，百物生焉。"（《阳货》）他肯定事物有如川流，四时运行不息，百物生生不绝，这已初步提出了过程的观点。《周易·系辞》以为世界是生生日新的变化过程："富有之谓大业，日新之

>>> 孔子在川上说："逝者如斯夫，不舍昼夜。"又尝说："四时行焉，百物生焉。"他肯定事物有如川流，四时运行不息，百物生生不绝，这已初步提出了过程的观点。图为现代陈少梅《高士观瀑图》。

谓盛德，生生之谓易。"这"日新""生生"的观点可以说是非常深刻的辩证观点。

老子论道说："有物混成，先天地生。……独立而不改，周行而不殆，可以为天下母。吾不知其名，字之曰道，强为之名曰大。大曰逝，逝曰远，远曰反。"道是"混成"的，即是一个整体。道的主要含义是"逝"，这就把最高本体的道与变化流逝联系起来，这也就是表示，变化是永恒的。庄子强调天地万物的统一，《外篇》云："夫天下也者，万物之所一也。得其所一而同焉，则四支百体将为尘垢。"又说："微夫子之发吾覆也，吾不知天地之大全也。"（《田子方》）世界是一个整体，可谓"天地之大全"。而天地之间的万物都是在变化转移之中的："物之生也，若骤若驰，无动而不变，无时而不移。"（《秋水》）物的存在都是变化的过程。

荀子肯定"天行有常"，这"行"字即是"四时行焉"之"行"，表示运动变化的过程。

先秦哲学中整体观点和过程观点还是比较简单的，宋代理学的整体观点和过程观点则相当明确。张载称气的全体为"太和"，而太和乃是一个变化的过程。他说："太和所谓道，中涵浮沉、升降、动静相感之性，是生絪缊相荡、胜负屈伸之始。"（《正蒙·太和》）又说："由气化，有道之名。"（同上）所谓"道"就是气的运动变化的过程，而气的全体是太和，太和即是气化的总过程。张载以气化为道，突出了过程的观念。

程颢、程颐宣称"天者理也"，用"理"的观念把天下万物统一起来，强调"万物皆是一理"。但"二程"也肯定世界是一个变化过程。程颐解释《论语》"逝者如斯夫"说：

> 此道体也。天运而不已，日往则月来，寒往则暑来，水流而不息，物生而不穷，皆与道为体，运乎昼夜，未尝已也。（朱熹《论语集注》引）

朱熹又加以发挥说："天地之化，往者过，来者续，无一息之停，乃道体之本然也。"（《论语集注·子罕》）程朱学派虽讲"理"本身无所谓动静，而承认"道体"包含变化的过程。朱熹更提出"万物统体一太极"之说，以太极把天地万物统一起来。

王夫之强调"日新之化"："天地之德不易，而天地之化日新。今日之风雷非昨日之风雷，是以知今日之日月非昨日之日月也。"（《思问录·外篇》）天地万物都是运动变化的过程。

戴震重申了张载的"气化"思想，肯定了所谓道即是气化的过程，他说："道犹行也。气化流行，生生不息，是故谓之道。"又说："阴阳五行，道之实体也。"道之实体即是过程的实际内容。

中国哲学中的整体观点与过程观点，都可以说是深刻的辩证观点，一部分哲学家更把整体与过程统一起来，达到高度的理论思维水平。不过古代思想家关于这些观点的说明未免简略，缺乏详密的论证，这是毋庸讳言的缺欠。

## 第三节
## 现实生活与道德理想统一的观点

从先秦到宋、明，儒家思想的一个显著特点是强调道德原则与实际生活的统一，以为道德原则不能脱离日常生活，日常生活之中必须体现道德原则。孔子贵仁，强调日常生活必须符合仁的原则："君子无终食之间违仁，造次必于是，颠沛必于是"（《论语·里仁》），而这"仁"的原则不是玄远难以达到的："仁远乎哉？我欲仁，斯仁至矣。"（《论语·述而》）"仁"是一个切近而崇高的理想。《中庸》论道与生活的关系，最为明晰。《中庸》说："道也者，不可须臾离也，可离非道也。"又说："道不远人，人之为道而远人，不可以为道。"道不可远人，人不可离道。《中庸》又说："君子之道，费而隐，夫妇之愚，可以与知焉；及其至也，虽圣人亦有所不知焉。夫妇之不肖，可以能行焉；及其至也，虽圣人亦有所不能焉。"此"道"既切近又崇高，人人能知能行，但是这"道"的最高境界却又难以达到。儒家所谓"道"可以说包含深、浅不同的层次。孟、荀所宣扬的"仁义"，都有这种情况。

宋明理学继承了先秦儒家的仁义学说，尤其强调在现实生活中

道不可远人，人不可离道。《中庸》说："君子之道，费而隐。夫妇之愚，可以与知焉；及其至也，虽圣人亦有所不知焉。夫妇之不肖，可以能行焉；及其至也，虽圣人亦有所不能焉。"图为清代佚名所画家庭景象。

体现道德理想，批判佛教和道家脱离现实生活以追求玄远理想的态度。明代理学家陈献章宣称"高明广大而不离乎日用"，可以说是表述了宋明理学家的基本主张。

张载宣扬"民吾同胞，物吾与也"的道德原则，程颢强调"仁者与万物为一体"，程颐、朱熹标榜"与理为一"，陆九渊、王守仁则鼓吹"发明本心"即实现心中之理。这些理学家都充分肯定了道德的崇高和尊严，认为实行道德原则即是人生价值之所在。理学家要求在现实生活中体现道德原则，以实行道德原则作为人类生活的归宿，其实际的社会作用固然是维持封建社会的等级秩序，但也具有重视精神价值的理论意义。

宋明理学把道德理想与现实生活统一起来，理学家不承认彼岸世界，不承认人格上帝，更不承认天堂、地狱，也不肯定灵魂不死。张载以阴、阳二气来讲鬼神，认为鬼神只是气的自然变化，"二气之良能"。"二程"也宣扬此说。此说虽然迂曲难通，却包含着否定灵魂不灭的意义。理学家实行他们的道德，不是为了当世的富贵利达，也不是为了来生来世的幸福，而是为了实现"本性"或"本心"的要求，为了"止于至善"。虽然这所谓"至善"是有阶级性的，但不是个人的利益或宗教神学的信仰。

理学家所讲的"本性"或"本心"，类似于康德所谓"善良意志"。康德论道德，以为必须承认三大假定：第一，上帝存在；第二，意志自由；第三，灵魂不灭。理学家则从来没有认为必须承认上帝存在或灵魂不灭，只承认道德意志的相对自由。这里表现出宋、明理学与宗教的显著区别。康德的道德哲学虽然设立三大假定，但还不是宗教；宋明理学从不设立那三大假定，就更不是宗教了。

程朱学派和陆王学派都讲"理欲之辨"，宣扬"存天理，去人欲"，许多论者认为这是禁欲主义，与僧徒无别，实际上这也是不准确的。程、朱、陆、王讲"理欲之辨"，固然是反对劳动人民提高物质生活的要求，但他们并非禁绝一般的饮食、男女的欲望，事实上仍然是一种节欲主义。理学把君、臣、父、子的伦理看作永恒的真理，起了巩固君权、父权、夫权的不良作用，但是理学并没有宣扬神权。我们必须明确认识宋明理学与佛、道二教的区别。

理学家重视提高精神境界，讲"身心性命之学"，宣扬"安身立命之道"。"安身"一词出于《周易大传》："利用安身，以崇德也。""利用安身"是说，便利实用以安定生活。"立命"一词出于《孟子·尽心章句上》："夭寿不贰，修身以俟之，所以立命也。""立命"即主动掌握自己的命运之意。所谓安身立命，就是说，要过这样一种生活：建立自己的生活信念，坚持一定的道德原则，在自己的精神境界中感到安然恬适，不因环境的变化而动摇。

理学家宣扬人类之爱。在阶级社会中，所谓人类之爱，是不可能真正实行的。理学家虽然倡导泛爱人类，但是并不主张废除阶级，也不要求破除等级，而是讲一种维持阶级区分与等级差别的差等之爱。儒家所宣扬的"爱人""爱民"，其实际含义是"省刑罚、薄税敛"，即相对地减轻对劳动人民的剥削和压迫。我们认为，这种学说，相对地讲，是有利于劳动人民的，是有益于社会发展的。这种学说也有一定的进步意义。

宋明理学具有严重的缺点：第一，不重视对实际问题的研究；

>>> 理学把君、臣、父、子的伦理看作永恒的真理,起了巩固君权、父权、夫权的不良作用,但是理学并没有宣扬神权。图为清代王树榖《训子图》。

第二，加强了封建礼教。理学家一般不提倡对理财、水利、农学、军事的探讨，不重视物质文明的提高。理学家强调"节操"，程颐所说"饿死事小，失节事大"，影响极深。这句话起了两方面的作用：其具有积极意义的方面，是强调民族气节，反对屈身降敌；其消极方面，是宣扬妇女贞节，使大量妇女陷于悲惨的境地。戴震指斥理学家"以理杀人"，揭露了宋明理学的流毒。

要而言之，理学是中国封建社会后期占统治地位的哲学思想，是为封建地主阶级的根本利益服务的。它在发展传统的精神文明、提倡民族气节方面起过一定的积极作用；而在加强君权、父权、夫权方面，则造成了阻碍社会进步的严重后果。我们对理学要坚持科学的分析态度。

## 第四节

## 经学与哲学的结合

孔子"述而不作",传授"六经",但孟、荀都提出了自己的理论体系,并不以传经为业;儒家以外的诸子之学更不受上古经典的束缚。汉代"独尊儒术",于是学者以讲授经典为本职,经典的阐述,代替了独立的思考。但是扬雄、王充仍然不受经典的限制。佛教输入之后,又出现了佛教的经学。从汉到唐,经学占据了统治地位,确实束缚了思想的发展。

宋儒鄙视汉、唐,以解经的形式发挥自己的观点,形成宋代的新经学。周、张、程、朱都是依傍《周易》《论语》《孟子》《大学》《中庸》来建立自己的理论体系的,也发挥了一定的创造精神,他们把自己的见解与经典的解说结合起来,这就一方面使个人的见解难以充分发挥,另一方面又使解经之语半属臆说。陆九渊宣称"六经注我",提倡独立思考,实际上仍然没有摆脱经典的羁绊。明、清之际,思想比较解放,而王夫之的主要著作都采取了解经的形式,《周易外传》《尚书引义》《诗广传》中含有大量的创新的观点,却不能采取先秦诸子自成一家之言的独抒己见的体裁。甚至戴震的《孟子字

>>> 孔子"述而不作",传授"六经",但孟、荀都提出了自己的理论体系,并不以传经为业;儒家以外的诸子之学更不受上古经典的束缚了。汉代"独尊儒术",于是学者以讲授经典为本职,经典的阐述,代替了独立的思考。但是扬雄、王充仍然不受经典的限制。佛教输入之后,又出现了佛教的经学。从汉到唐,经学占据了统治地位,确实束缚了思想的发展。图为五代杨子华《校经图》。

义疏证》也以解经的形式发挥自己的思想。也有一些著作,不取解经形式,如宋代胡宏的《知言》、明代胡直的《衡齐》、清初唐甄的《潜书》,这些著作形式上是独立发挥,而内容上却又创见不多(唯《潜书》在政治观点上提出新见)。

应该承认,在中国封建时代,哲学著作采取了解经的形式,表现为哲学与经学的结合。西方封建时代,哲学为神学服务,与神学结合。中、西封建时代的哲学,各自具有其特点。

哲学与经学结合,实际上束缚了自由思想的发展。五四运动以来,经学时代最终结束了。中国哲学从此摆脱了经学的束缚,理论思维的更高发展成为现实的可能了。

## 第五节
## 正确评价中国古代哲学遗产

恩格斯论西方哲学说:"比起前一世纪来,唯物主义的自然观现在是建立在更加牢固的基础上了。……但是,在古希腊人和我们之间存在着两千多年的本质上是唯心主义的世界观……问题绝不在于简单地抛弃这两千多年的全部思想内容,而是要批判它,要从这个暂时的形式中,剥取那在错误的、但为时代和发展过程本身所不可避免的唯心主义形式中获得的成果。"(见《马克思恩格斯全集》第20卷,北京:人民出版社,1971年第1版,第538页)列宁论马克思主义的历史意义说:"马克思主义这一革命无产阶级的思想体系赢得了世界历史性的意义,是因为它并没有抛弃资产阶级时代最宝贵的成就,相反地却吸收和改造了两千多年来人类思想和文化发展中一切有价值的东西。"(见《列宁全集》第4卷,北京:人民出版社,1972年第2版,第381页)恩格斯、列宁所讲的都是西方,但在原则上也包括东方。两千多年的中国哲学史是两千多年的人类思想史的一部分。难道中国过去两千多年的历史中就无成果可言吗?中国古代哲学曾对西方文艺复兴时期的思想发生过影响,难道中国古代哲学没有自己的建树吗？要打破欧洲中心论。过去顽固派的民族自大狂是要不得的；半殖民地的民族自卑感也是要不得的。明朝后期以来，中国文化学术落后了。直到现在，我们还有一个学习先进文化知识、急起直追的任务。中国封建文化中有大量的糟粕，阻碍社会的进步，因而我们还有一个破旧除腐、清涤遗毒的任务。但是传统文化遗产之中也有一些科学性的民主性的精华，值得我们深入探索，认真汲取。不能说中国过去两千多年的哲学思想和文化发展中没有有价值的东西。中国古代的唯物主义在反对唯心主义的斗争之中确实有一些重要的成就，而中国古代的唯心主义体系之中确实有一些积极的内容。对于这些，我们的研究还很不够。我们的任务是依据马克思主义实事求是的精神，对两千多年的哲学发展过程进行研讨。振兴中华，首先要牢固地建立民族自尊心和自信心。我们正在努力建设社会主义的物质文明和精神文明，重在创新，但对于我们民族的文明史也要有一个明确的了解。

第七章

儒学奥义

儒学是中国封建时代占统治地位的思想体系。从汉代至明清，实行君主专制的帝王都尊奉儒学为正统思想。在长达两千年的时代里，从一些历史现象来看，儒学确实起了维护封建等级制度的作用，专制帝王利用儒学作为控制人民思想、维护其政治统治的工具。在这一方面，儒学作为专制帝王控制人民思想的正统学说，确实起了阻碍社会发展的消极作用。然而，儒学的内容是否仅此而已呢？事实上，问题还不是如此简单。儒家学说还有更深一层的内容。儒学除了维护等级制度的思想之外，还有强调人格意识，肯定独立意志的思想。在这一方面，儒学对于中华民族精神文明的发展，确实起了巨大的推动作用。儒学高扬了精神生活的价值，增进了民族的凝聚力。在高扬精神生活的方面，与儒学并称"三教"的道教与佛教也具有一定的作用，而在增进民族凝聚力方面，儒学确实起了独一无二的积极作用。

儒学中维护等级区分的思想，可称为儒学的浅层思想。此外，儒学中还有更深邃的思想，可称为儒学的深层思想，亦即儒家学说中的深层意蕴。这些深层意蕴，可以称为儒学的奥义。这些深层意蕴，虽然是一般人所不易理解的，对于文化思想的发展却起了非常重要的积极作用。

《汉书·艺文志》说："昔仲尼没而微言绝，七十子丧而大义乖。"儒学学说中确实具有一些微言大义。"微言"即微妙之言,"大义"即基本含义。微言大义即比较深奥精湛的思想,亦就是儒学的深层意蕴。儒学是有时代性的,时至今日,儒学的许多观点(主要是浅层思想)都已过时了,但是其中也有一些重要观点(主要是深层思想)却具有相对的"普遍意义",虽非具有永恒的价值,但至今仍能给人们以深刻的启迪。这里举出六点:第一,天人合一;第二,仁智合一;第三,知行合一;第四,义命合一;第五,以和为贵;第六,志不可夺、刚健自强。

## 第一节
## "天人合一"
## —— 人与自然的统一

中国古典哲学中的"天人合一"观念渊源于春秋时代。春秋末期,郑国子太叔称述子产的言论云:"夫礼,天之经也,地之义也,民之行也。天地之经,而民实则之。"(《左传》昭公二十五年)把"天地之经"与"民之行"统一起来。孟子提出"知性则知天"之说(《孟子·尽心上》),将人性的来源归本于天。董仲舒提出"天人之际合而为一"的观点(《春秋繁露·深察名号》),张载明确提出"天人合一"的成语(《正蒙·乾称》)。宋代以来,张、程、朱、陆都讲"天人合一",而立论各不相同。张载肯定"性"与"天道"的统一,认为"性与天道云者,易而已矣"(《正蒙·太和》)。程颢强调,"仁者以天地万物为一体"(《河南程氏遗书》卷二上)。程颐、朱熹则肯定天道与人道只是一个道,"道未始有天人之别"(同上书,卷二十二上)。此"道"的内容即是仁义礼智。陆九渊则断言:"宇宙便是吾心,吾心即是宇宙。"(《文集·杂说》)各家所讲不同,但也有一些共同的基本观点,这主要是:人是天地所生成的,自然界是一个整体,人是自然整体的部分,人为万物之灵,人与自然界不是敌对的关系,

>>> 中国古典哲学中的"天人合一"观念渊源于春秋时代。春秋末期,郑国子太叔称述子产的言论云:"夫礼,天之经也,地之义也,民之行也。天地之经,而民实则之。"把"天地之经"与"民之行"统一起来。图为清代金农《子产像》。

而是整体与其中最优秀的部分的关系；自然的普遍规律与人伦道德的基本原则也是统一的。张载所著《西铭》以形象的语言表述天人合一的含义。《西铭》说："乾称父，坤称母，予兹藐焉，乃浑然中处。故天地之塞吾其体，天地之帅吾其性。民吾同胞，物吾与也。"天地就如父母，人是天地所生；充塞于天地之间的气构成我的身体，天地之气的普遍本性也就是我的本性；人民是我的兄弟，万物是我的朋友。这着重显示了人与天地万物的统一性。

"天人合一"并不忽视天人的区别，张载标举了"天人合一"，同时亦揭示了天与人的区别，他说：

> 老子言"天地不仁，以万物为刍狗"，此是也；"圣人不仁，以百姓为刍狗"，此则异矣。圣人岂有不仁？所患者不仁也。天地则何意于仁？鼓万物而已。(《横渠易说》)

"鼓万物而不与圣人同忧"，则于是分出人之道……

> 圣人所以有忧者，圣人之仁也；不可以忧言者，天也。盖圣人成能，所以异于天地。(同上)

天是没有思虑忧患的，人则必有思虑忧患，这是天人的根本区别。天人虽有区别，但人是天地所生成的，人类生存于天地之间，人与万物仍然具有明显的统一性。所谓"天人合一"，是在承认天人之间的区别的基础之上又肯定天与人的统一，这是一种比较深刻的辩证观点。有些论者把儒家的"天人合一"与初民社会原始思维的"物我不分"混为一谈，认为所谓"天人合一"是原始思维的表现，这是非常荒谬的观点。这种荒谬的见解，如果不是出于无知，就是恶意的诬谤，是必须加以驳斥的。

儒家宣扬"天人合一"，于是重视天人的和谐，但亦承认人具有调整自然的作用，而反对毁伤自然。这一方面有保护生态平衡、反对盲目损坏自然环境的意义；另一方面对于变革自然、改造自然的重要意义认识不够，尤其对于通过自然科学的探讨，以掌握自然规律来改变自然界，使自然界适合于人类的生活需要的重要性认识不够，这是儒学的一个严重缺陷。荀子虽然鼓吹"制天命而用之"的理想，但提不出"制天命"的具体办法，依然不能起推进自然科学研究的积极作用。虽然如此，儒家关于人与自然的统一性的学说，仍具有深邃的理论意义。

第二节

"仁智合一"
—— 道德与智慧的统一

孔子兼重仁智,多次以仁智并提,如云:"知者乐水,仁者乐山;知者动,仁者静;知者乐,仁者寿。"(《论语·雍也》)并说:"好仁不好学,其蔽也愚;好知不好学,其蔽也荡。"(同上书,《阳货》)这就是说,知与仁是相辅相成的。专门好仁,可能失之于愚;专门好知,可能失之于荡。唯好学可以补偏解蔽。传说孔子所著的《周易大传》论"崇德"与"知化"的关系云:"精义入神,以致用也。利用安身,以崇德也。过此以往,未之或知也。穷神知化,德之盛也。"(《系辞下》)这就是说,提高道德修养与精研天地变化的奥秘是相辅相成的。这样把道德与智慧统一起来。

传说子思所作的《中庸》将"学、问、思、辨"置于"笃行"之先:

> 博学之,审问之,慎思之,明辨之,笃行之。有弗学,学之弗能弗措也。有弗问,问之弗知弗措也。有弗思,思之弗得弗措也。有弗辨,辨之弗明弗措也。有弗行,行之弗笃弗措也。人一能之己百之,人十能之己千之。果能此道矣,虽愚必明,

>>> 孔子兼重仁智,多次以仁智并提,如云:"知者乐水,仁者乐山;知者动,仁者静;知者乐,仁者寿。"这就是说,知与仁是相辅相成的,专门好仁,可能失之于愚;专门好知,可能失之于荡。图选自清代焦秉贞《圣迹图》。

牧野麥不得於衛將
西見趙簡子至於河
而聞竇犨鳴犢舜華
之死也臨河而嘆曰
美哉水洋洋乎丘之
不濟此命也竇鳴犢
舜華國之賢大夫也
趙簡子未得志之時
此兩人而後從政及
其已得志殺之夫鳥
獸之於不義也尚知
避之而況乎丘哉乃
還
贊曰
我西戎株
將見簡子
至河而返
高陽賢士
薩衆鳳逑

虽柔必强。

这里,"学问思辨"属知,"行"指道德修养。《中庸》肯定了德与智的统一。

孔门以"仁且智"为圣人的境界。孟子述子贡的故事说:

> 昔者子贡问于孔子曰:"夫子圣矣乎?"孔子曰:"圣则吾不能,我学不厌而教不倦也。"子贡曰:"学不厌,智也;教不倦,仁也。仁且智,夫子既圣矣!"(《孟子·公孙丑上》)

兼重仁智是儒学的传统。

董仲舒明确宣扬"必仁且智",他说:

> 莫近于仁,莫急于智。……仁而不智,则爱而不别也;智而不仁,则知而不为也。故仁者所以爱人类也,智者所以除其害也。(《春秋繁露·必仁且智》)

爱人的品德与明睿的智慧都是必要的,缺一不可。仁而不智,只有爱人的感情而不明事理,可能害事;智而不仁,虽明辨利害却不肯帮助别人,也是无益的。董氏此论,可谓深切著明。

宋代理学家都讲仁智的统一,张载说:"仁智合一存乎圣。"(《正蒙·诚明》)这是孟子观点的绍述。理学家都肯定仁是最高的道德原则,又肯定"致知"的重要,这也是兼重仁智的表现。儒家对于自然科学的研究重视不够,这是一个缺陷,但是基本上还是肯定知识的价值的。

## 第三节

## "知行合一"
## ——思想与生活的统一

孔子注重言行一致,他说:"古者言之不出,耻躬之不逮也。"(《论语·里仁》)又说:"君子耻其言而过其行。"(同上书,《宪问》)《论语》又载:"司马牛问仁。子曰:'仁者,其言也讱。'曰:'其言也讱,斯谓之仁已乎?'子曰:'为之难,言之得无讱乎!'"(同上书,《颜渊》)言必须与行相符,行为上做不到的就不要说。这是儒家所提倡的言行标准。

伪《古文尚书》的《说命》篇有"非知之艰,行之惟艰"之语,到宋代理学,知行问题成为一个重要理论问题。程颐提出"非特行难,知亦难也"(《河南程氏遗书》卷十八),强调知与行的统一,他说:"知之深,则行之必至,无有知之而不能行者。知而不能行,只是知得浅。"(同上书,卷十五)王守仁明确提出"知行合一"之说,他说:

> 未有知而不行者。知而不行,只是未知。……"知是行的主意,行是知的功夫。知是行之始,行是知之成。"若会得时,

>>> 到宋代理学，知行问题成为一个重要理论问题。王守仁明确提出"知行合一"之说。图为当代王鉴《知行合一王阳明像》。

只说一个知，已自有行在；只说一个行，已自有知在。(《传习录》上)

从王阳明这些话来看，知行亦非全无区别，二者还是有"主意"与"功夫"，"始"与"成"之别。他所强调的是知与行的统一。阳明所说"未有知而不行者，知而不行只是未知"与程伊川所说"知而不能行，只是知得浅"，基本是一致的。王夫之不同意王守仁"知行合一"，而提出"知行相资"。他说：

> 知行相资以为用。唯其各有致功，而亦各有其效，故相资以互用。则于其相互，益知其必分矣。同者不相为用，资于异者乃和同而起功，此定理也。(《礼记章句》卷三十一)

王船山的意思是：知行二者是对立统一的关系，知行虽然密切联系，而相互之间仍有一定的区别。事实上，"知行相资"与"知行合一"二者基本上还是一致的。关于知行先后问题，各家意见不同，但是都承认知与行二者的密切联系。

"知行合一"是王阳明提出的，实际上是孔子以来儒家的一贯观点。宋明理学家都强调"论学""致知"与道德修养的关系。张横渠说："'穷神知化'，乃养盛自致，非思勉之能强，故崇德而外，君子未或致知也。"(《正蒙·神化》)王阳明说：

> 然世之讲学者有二：有讲之以身心者，有讲之以口耳者。讲之以口耳，揣摩测度，求之影响者也。讲之以身心，行著习察，实有诸己者也。(《传习录》中)

言行一致的儒者讲学都是"讲之以身心"的，即在身心修养上用功夫。

"知行合一"是"理论与实践统一"的古代形式。儒家论学，不是徒托空言，而要在生活行动上表现出来，要将自己的生活行动与学说理论统一起来，这是具有重要意义的。但是过去儒者所谓"行"，仅限于道德履践，不包括革命变革的行动，更不包括自然科学的实验活动，表现了一定的狭隘性，这也是儒学传统的严重缺点。

## 第四节

## "义命合一"
## ——意志自由与客观必然性的统一

张载提出"义命合一存乎理"(《正蒙·诚明》),"义"指当然的准则,"命"指必然的规律,二者是统一的。义命并举,源于孟子。《孟子》书载:

> 万章问曰:"或谓孔子于卫主痈疽,于齐主侍人瘠环,有诸乎?"孟子曰:"否!不然也。好事者为之也。于卫主颜雠由。……孔子进以礼,退以义。得之不得,曰'有命'。而主痈疽与侍人瘠环,是无义无命也。"(《万章上》)

这就是说,孔子的行动,一以"义"为准则,至于效果如何,那是"命",就不必考虑了。孟子又讲:"求则得之,舍则失之,是求有益于得也,求在我者也。求之有道,得之有命,是求无益于得也,求在外者也。"(《尽心上》)这里区别了"求有益于得"与"求无益于得"。道德觉悟是"求有益于得"的,经过主观努力,即可提高道德觉悟,至于富贵利达,那是"求之有道,得之有命",是"求无益于得的"。"命"之得与不得,并不妨碍"义"之实践;换句话说,

"义"之实践，是不受"命"的限制的。

张载依据孟子的观点提出"义命合一"，其主要意义是：道德的准则与客观的必然是有别而又统一的，道德准则不能违背必然规律，必然规律亦不妨碍道德准则的实践。这也就是说，在任何环境中，在任何客观条件之下，人都有提高道德觉悟的自由，都可以实现道德的自觉。这也就是说，在任何境遇之中，人都可以提高自己的道德觉悟，从而达到道德修养的最高境界。

提高道德觉悟的自由是意志自由的一个方面。儒家是承认意志的相对自由的。孔子提倡"志于道"（《论语·述而》），又说："苟志于仁矣，无恶也。"（同上书，《里仁》）"志道""志仁"都是个人的自由。儒家肯定意志自由，主要是讲提高道德觉悟的自由，很少讲到改造客观世界的意志自由，这是一个缺点。但是，儒家认为在任何环境条件之下人都有实行道德的自由，这还是有重要理论意义的。

## 第五节

## "以和为贵"
## ——"和"是价值的最高标准

儒家以"和"为贵,孔子说:"君子和而不同,小人同而不和。"(《论语·子路》)孔子弟子有若说:"礼之用,和为贵。"(同上书,《学而》)孟子说:"天时不如地利,地利不如人和。"(《孟子·公孙丑下》)孔子"和而不同"之说渊源于西周,西周末年史伯论和同之辨云:

> 夫和实生物,同则不继。以他平他谓之和,故能丰长而物归之。若以同裨同,尽乃弃矣。(《国语·郑语》)

不同的事物相互为"他","以他平他"即聚合不同的事物而得其平衡,这样就能创造出新的事物,如果追求简单的同一,就不能产生新事物了。孔子宣扬"和而不同",即重视不同事物、不同意见的调谐、综合。孟子所谓"人和"即人际关系的和谐,缓和人与人之间的矛盾以达到团结合作。

儒家以"和"为贵的思想,表达了社会发展的一项基本原则。社会生活之中,充满了个人与个人、集团与集团、阶级与阶级之间的

儒家以"和"为贵,孔子说:"君子和而不同,小人同而不和。"孔子弟子有若说:"礼之用,和为贵。"孟子说:"天时不如地利,地利不如人和。图为清代佚名《孔子弟子像》。

斗争，为了保持社会的延续存在与发展，不至于斗争的各方同归于尽，必须维持一定的和谐。最值得注意的是"和而不同"的原则，强调了"和"与"同"的区别。"和"是多样性的统一，"同"是简单的重复。孔子对鲁定公说，如果国君认为"予无乐乎为君，唯其言而莫予违也"，就有"一言而丧邦"的危险（《论语·子路》）。对于一个问题，如果只有一种意见，听不到不同的声音，那是相当危险的。儒学重视"和而不同"，表现了深沉的智慧。

第六节

"志不可夺""刚健自强"
—— 高扬主体意识

孔子承认人人具有独立的意志，他说："三军可夺帅也，匹夫不可夺志也。"（《论语·子罕》）匹夫即是平民，平民各有其不可夺的志。孔子虽然认为贵贱等级的区分是必要的，但认为庶民也是人，应该尊重庶民的独立意志。《周易大传》提出"刚健""自强"的人生理想。《彖传》云："大有，其德刚健而文明，应乎天而时行，是以元亨。"《象传》云："天行健，君子以自强不息。"天体运行永无休止，人应以天为法，永远向上，坚强不屈。《周易大传》高扬"刚健""自强"的原则，对于中华民族的精神文明的发展有深远的影响。

孟子提出"大丈夫"的人格标准，他说：

> 居天下之广居，立天下之正位，行天下之大道。得志，与民由之；不得志，独行其道。富贵不能淫，贫贱不能移，威武不能屈。此之谓大丈夫。（《孟子·滕文公下》）

所谓"大丈夫"就是具有坚强的独立性，而不随环境的变化而转移的崇高人格。

虽然大丈夫不是容易做到的，但是每一个人都应保持人格的尊严。孟子提出"所欲有甚于生者""所恶有甚于死者"。所谓"所欲有甚于生者"，指保持人格的尊严；所谓"所恶有甚于死者"，指人格的屈辱。他说：

> 生亦我所欲，所欲有甚于生者，故不为苟得也；死亦我所恶，所恶有甚于死者，故患有所不辟也。……一箪食，一豆羹，得之则生，弗得则死。呼尔而与之，行道之人弗受；蹴尔而与之，乞人不屑也。（《孟子·告子上》）

所谓"呼尔而与之""蹴尔而与之"，即不尊重对方的人格，这是任何人所不能接受的。人格的尊严比生命更为重要。孟子强调人们应该相互尊重，他说：

> 食而弗爱，豕交之也；爱而不敬，兽畜之也。恭敬者，币之未将者也。恭敬而无实，君子不可虚拘。（同上书，《尽心上》）

"食而弗爱""爱而不敬"，都是不可取的。人与人之间，应互相尊重彼此的人格。人何以具有人格尊严呢？孟子提出"天爵""良贵"之说，他说："有天爵者，有人爵者。仁义忠信，乐善不倦，此天爵也；公卿大夫，此人爵也。"（同上书，《告子上》）又说："欲贵者，人之同心也。人人有贵于己者，弗思耳。人之所贵者，非良贵也。赵孟之所贵，赵孟能贱之。"（同上）除了公卿大夫的"人爵"之外，还有"天爵"；除了"人之所贵"之外，还有"良贵"。这天爵是生而具有的；这良贵是不能剥夺的。所谓"天爵""良贵"即是人的内在价值，这内在价值的根据即在于人人具有的道德意识。孟子认为人人具有道德意识，因而具有独立的人格。孟子高扬了人格意识，也就是高扬了主体意识，这对于中华民族精神文明的发展起了非常重要的作用。

孔、孟"志不可夺"的观念具有深远的影响。《礼记·儒行》宣扬"士可杀不可辱"的风格。汉代以后，很多知识分子都在一定程度上具有"天下为己任"的坚定志操，这是一种值得肯定的优良传统。

马克思说："君主政体的原则总的说来就是轻视人，蔑视人，使人不成其为人。"儒学是维护君权的，因而为汉代以至明、清的专制政权所尊崇，但是儒家学者所关心的，除了维护等级制度之外，却是如何使人成其为人。这里包含着儒学与专制政权的矛盾以及儒学的内部矛盾。张载自述讲学宗旨说："为天地立心，为生民立命，为往圣继绝学，为万世开太平。"这是一个独立思想家的宏伟抱负，也表现了明显的主体意识。陆九渊说："人生天地间，为人自当尽人道。学者所以为学，学为人而已。"（《语录》下）又说："若某则不识一个字，亦须还我堂堂地做个人。"（同上）儒学包含若干不同的学派，但各学派都重视"为人之道"。儒家所讲的"为人之道"，有维护等级制度的一面，也有宣扬独立人格的一面。对此应予以历史的辩证的分析。

"儒学独尊"的时代久已过去了，儒家的等级观念、家族本位的思想也久已过时了。汉、宋儒者所宣扬的"三纲"的观念，更应该受到彻底的批判。但是，儒家学说之中，也包含有一些具有普遍意义的深湛观点，虽然其普遍意义只是相对的而不是绝对的，然而还是具有重要的理论价值。这些具有相对普遍意义的深湛观点都是比较不易了解的，故可以称为奥义。

儒学从春秋战国到明、清时代，经历了两千多年的发展演变的

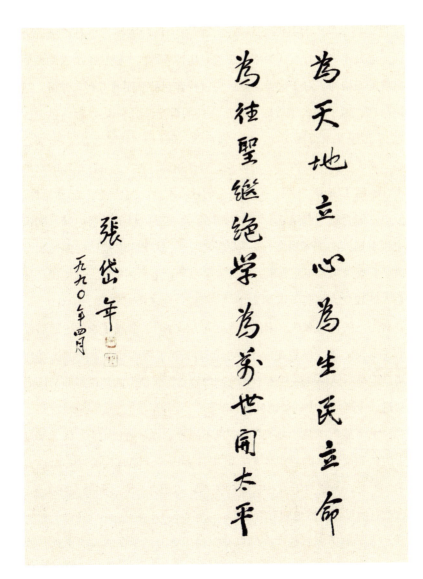

>>> 张载自述讲学宗旨说:"为天地立心,为生民立命,为往圣继绝学,为万世开太平。"这是一个独立思想家的宏伟抱负,也表现了明显的主体意识。图为张岱年先生书写的张载语录。

过程。儒学的内容是非常复杂的，既有消极的方面，也有积极的方面。近几年来，有人认为儒家思想是压抑人性的，是抹杀个人的独立自尊的人格的。对于这类问题，应进行客观的全面的考察和分析。战国时期，孟子和告子曾展开关于人性的辩论。告子说："食、色，性也。"孟子并未否认"食、色，性也"，但认为"恻隐之心""羞恶之心"是人性的主要内容。可以说，告子所谓"性"，主要是人的自然本性；孟子所谓"性"，主要是人的社会本性。"食、色"固然是性，但也不能否认"恻隐之心""羞恶之心"也是人性的重要内涵。儒家主张发扬人的"恻隐之心""羞恶之心"，这哪能说是压抑人性呢？孟子要求人与人相互尊重，认为人格尊严比生命还重要，这能说是抹杀人的独立人格吗？汉儒宣扬"三纲"，要求臣对于君、子对于父、妻对于夫的片面服从。宋儒宣扬"理欲之辨"，忽视了物质生活需要的重要性。这些思想在一定程度上确实起了阻碍社会发展的反动作用。但是不能说这就是儒学的全部内容。对于儒学的理论是非与历史功过，应进行历史的辩证的分析。

我不赞同"儒学复兴论"，也不同意"儒学否定论"。儒学是过去时代建立起来的思想体系，其中许多内容应随时代的过去而过去了。但是，儒学对于人与自然的关系，对于人与人之间的人际关系，也确有所见（当然也确有所蔽）。

人类的历史就是"人的自觉"的历史。儒学在"人的自觉"的历史过程中确实有所贡献。今天我们应超越古人，应纠正古人的错误。但是古代已经发现的相对真理，如其仍不失其为真理，仍然是必须承认的。我们的任务是在前人已经达到的高度上继续前进。

第八章

老子在哲学史上的地位

关于老子其人与《老子》其书，历来颇多异论。《史记·老子列传》说孔子问礼于老子，又说老子著"上下篇五千余言"，汉魏之世，并无不同意见。首先提出疑问的是北魏的崔浩。但唐、宋时代，多数学者仍肯定旧说。清代中期，汪中著《老子考异》，以为上下篇乃太史儋所著，而太史儋非即老聃。19世纪20年代，疑古思潮兴起，梁启超提出《老子》上下篇非春秋时代的著作。冯友兰先生《中国哲学史》以为《老子》一书当在孟子之后、庄子之前。钱穆、顾颉刚更提出老后于庄之说。但是胡适、马叙伦、郭沫若等仍坚持孔、老同时而老年长于孔的旧说。我于1932年亦曾撰文考证老子的年代，认为《老子》一书应在孔墨之后、孟庄之前。罗根泽同意老在墨后、孟前之说，而认为老子即是太史儋。50年代，我重新稽考老子年代问题，发现《史记》的记载仍有其不可忽视的旁证，于是重新肯定孔、老同时而老年长于孔的传统记载，70年代末在拙文《老子哲学辨微》中提出"老子年代新考"，改订了30年代的意见。兹略述，"疑老"与"证老"两方面的论据，试更加以厘定。

## 第一节

## 老子其人与《老子》其书

兹先述孔、老同时的主要佐证:

### 一 《论语》中孔子对于"以德报怨"的评论与对于"无为而治"的赞扬

《论语》载:"或曰:'以德报怨,何如?'子曰:'何以报德?以直报怨,以德报德。'"(《宪问》)按《老子》六十三章有"报怨以德"之语,孔子对"以德报怨"的评论显然是针对老子的。《论语》又载:"无为而治者,其舜也与?夫何为哉?恭己正南面而已矣。"(《卫灵公》)"无为"观念是老子首先提出的,孔子赞扬舜的无为,当是由老子的无为论而引起的。孔子未必见过"上下篇",但是与闻老子的言论,这是孔、老同时的重要证据。

>>> 儒、道两家之争是相当激烈的,儒家学者何能轻信道家所编造的谎言呢?孔子问礼于老聃之说必有事实的根据。图选自清代焦秉贞《圣迹图》。

245

## 二 《礼记·曾子问》引述了孔子问礼于老聃的一些故事

《曾子问》云:"孔子曰:'昔者吾从老聃助葬于巷党,及堩,日有食之。'老聃曰:'丘,止柩就道右,止哭以听变。'既明反,而后行。曰:'礼也。'……吾闻诸老聃云。"又说:"孔子曰:'吾闻诸老聃曰,昔者史佚有子而死,下殇也……'"又说:"子夏曰:'金革之事无辟也者,非与?'"孔子曰:'吾闻诸老聃曰,昔者曾公伯禽有为为之也。'"《曾子问》记述孔子与曾子的问答甚详,恐非实录,但亦必非全无根据。当是曾子门人习闻孔子问礼于老聃的故事,故有此说。儒家学者绝不可能凭空编造孔子问礼于老聃。韩愈《原道》说:"老者曰:'孔子,吾师之弟子也。'……为孔子者习闻其说,乐其诞而自小也,亦曰:'吾师亦尝师之云尔。'"事实上绝非如此简单。司马迁说:"世之学老子者则绌儒学,儒学亦绌老子。'道不同不相为谋',岂谓是邪?"(《史记·老子列传》)儒、道两家之争是相当激烈的,儒家学者何能轻信道家所编造的谎言呢?孔子问礼于老聃之说必有事实的根据。《老子》三十八章说,"夫礼者忠信之薄而乱之首",对于礼进行了猛烈的抨击。但是三十一章云:

> 夫兵者不祥,物或恶之,故有道者不处。君子居则贵左,用兵则贵右。兵者不祥之器,非君子之器,不得已而用之,恬淡为上。……吉事尚左,凶事尚右。偏将军居左,上将军居右。言以丧礼处之。杀人之众,以悲哀泣之,战胜以丧礼处之。

这足证老子是通晓吉礼、丧礼的。老子懂礼而又反对礼,这是可以理解的。

## 三 《吕氏春秋》中关于孔、老关系的记述

《当染》篇云："孔子学于老聃。"《不二》列举十家，"老聃贵柔，孔子贵仁，墨翟贵兼，关尹贵清，子列子贵虚"，云云，将老子列于孔子之前。《贵公》云：

> 荆人有遗弓者，而不肯索，曰："荆人遗之，荆人得之，又何索焉？"孔子闻之曰："去其'荆'而可矣。"老聃闻之曰："复去其'人'而可矣。"故老聃则至公矣。

记述孔子与老聃对于荆人遗弓而不索有不同的评论。所谓"学于老聃"，当即指问礼于老聃之事。《左传》昭公十七年记述孔子学于郯子，"郯子来朝"，讲述少昊氏以鸟名官，"仲尼闻之，见于郯子而学之"。向老子问礼与向郯子问官是同一类的事。

## 四 韩非引述《老子》，称之为老聃之言

《韩非子·六反》云："老聃有言曰：'知足不辱，知止不殆。'夫以殆辱之故而不求于足之外者，老聃也。"又《内储说下·六微》云："权势不可以借人……其说在老聃之言失鱼也。"下文云："势重者，

人主之渊也……古之人难正言，故之于鱼。"这是引《老子》"鱼不可脱于渊"之语。此即可证，韩非肯定《老子》书的作者是老聃。

以上是孔、老同时及《老子》书为老聃所著的主要证据。应该承认，这些证据是比较有力的。此外，《庄子》书中关于孔、老对话的章节颇多。但《庄子》中多系寓言，并非事实记录，故不引。

其次，略述疑老的主要理由。怀疑《老子》上下篇非与孔子同时的老聃所著，或者根本否认老聃其人，其主要理由是《老子》上下篇中有许多战国时代的词语，如：第一，《老子》三章"不尚贤，使民不争"。"尚贤"之说是墨子提出的，此章反对"尚贤"，应在墨子之后。第二，三十二章"侯王若能守之"、三十九章"侯王得一以为天下贞"，"侯王"是战国时期的用语。第三，二十六章"奈何万乘之主，而以身轻天下"，万乘亦战国时用语。第四，十八章"大道废，有仁义"；十九章"绝仁弃义，民复孝慈"；三十八章"故失道而后德，失德而后仁，失仁而后义，失义而后礼"。"仁义"并举，不见于《论语》及《左传》，非春秋时所有。梁任公认为仁义并举始于孟子，故《老子》一书应后于孟子。

今试对于这些疑问略加辨析。第一，关于"尚贤"。尚贤之说虽系墨子提出的，但春秋时代已有举贤之说，孔子亦主张"举贤才"（《论语·子路》）。《老子》书中"不尚贤"可能是针对"举贤"而讲的，而非对于墨子的反命题。第二，关于"侯王"。侯王固然是战国时代的习用语，但《周易·蛊卦》已有"上九，不事王侯，高尚其事"，可见王、侯并称并非始于战国。第三，关于"万乘之主"。"万乘之主"确系战国时的常用语，但《论语·先进》记子路曰，"千乘之国,摄乎大国之间",以千乘之国为非大国,大国当远逾千乘,晋楚等国可能已称万乘。第四,最重要的是关于"仁义"并举的年代问题。《论语》中孔子宣称"好仁者无以尚之",又说"义以为上",却未尝以仁义并举。《左传》的记载中亦无仁义并举之例。但"仁义"并举亦非始于孟子,《墨子·贵义》:"子墨子曰:'必去六辟,默则思,言则诲,动则事,使三者代御,必为圣人。''必去喜,去怒,去乐,去悲,去爱,而用仁义。'"又《尚同下》篇:"子墨子曰:'今天下王公大人士君子,中情将欲为仁义……故当尚同之说而不可不察。'"足证墨子时"仁义"已成为习用语。仁义并举始于何时?近来我发现,以仁与义相连并举实始于孔子弟子曾子。孟子引述曾子之言云:"曾子曰:'晋楚之富不可及也,彼以其富,我以吾仁;彼以其爵,我以吾义,吾何慊乎哉?'"(《孟子·公孙丑下》)曾子生存于春秋战国之间,到战国前期,"仁义"成为常用语了。应该承认,《老子》书中指斥仁义的章节不可能是与孔子同时的老聃所写,《老子》书有些章节出于战国。

《老子》书中有些章节出于战国,是否可以断言"上下篇"全部都系战国著作呢?那又不然。春秋战国时代学者著作都是由门人弟子传抄而流传下来的,门人弟子在传抄中增加一些文句或若干章节,是常有的事。《老子》书中有一些后人增加的文句,不足惊异。而且《老子》上下篇中有些思想是春秋时代人所共同具有的。《老子》七十八章:"受国之垢,是谓社稷主;受国不祥,是谓天下王。"《左传》宣公十五年记晋伯宗曰:"国君含垢,天之道也。"与《老子》"受国之垢是谓社稷主"意同。又《韩非子·说林上》引《周书》曰:

>>> 《老子》书中有一些后人增加的文句，不足惊异。而且《老子》上下篇中有些思想是春秋时代人所共同具有的。图为清代边景昭《老子出关》。

"将欲败之，必姑辅之，将欲取之，必姑予之。"与《老子》三十六章"将欲歙之，必固张之；将欲弱之，必固强之；将欲废之，必固兴之；将欲夺之，必固与之"意同。这都表明，春秋末年的老聃具有《老子》上下篇的思想是符合当时历史条件的。

如何辨别《老子》五千言中哪些思想属于老聃呢？我认为应以《庄子·天下》所说为据。《庄子·天下》论关尹、老聃之学云：

> 关尹老聃……建之以常无有，主之以太一，以濡弱谦下为表，以空虚不毁万物为实。……老聃曰："知其雄，守其雌，为天下溪；知其白，守其辱，为天下谷。"人皆取先，己独取后，曰："受天下之垢。"……曰："坚则毁矣，锐则挫矣。"

这里叙述老聃的思想，主要是两个方面，一是关于本体论的学说，二是关于贵柔的学说。由此可以肯定，《老子》书中关于"道"的章节以及关于柔弱胜刚强的章节是老聃的中心思想。

有的论者以为《老子》上下篇文辞简约，乃是战国时期道家思想的精言粹语的结集，并非个人的著作，于是有老后于庄之说。事实上此说是不能成立的。《老子》书中有很多"吾"字、"我"字，许多章中的"吾"与"我"，确实是作者自称，表示作者自己的态度。二十五章："有物混成，先天地生……吾不知其名，字之曰道。"四章："道冲，而用之或不盈；渊兮，似万物之宗。……吾不知其谁之子，象帝之先。"这都表明，道的学说是作者提出的。四十二章："人之所教，我亦教之。强梁者不得其死，吾将以为教父。"四十三章："吾是以知无为之有益。"六十七章："天下皆谓我道大似不肖，夫唯

大,故似不肖。"这都是表明作者的态度。特别值得注意的是七十章:

> 吾言甚易知,甚易行。天下莫能知,莫能行。言有宗,事有君。夫唯无知,是以不我知。知我者希,则我者贵。是以圣人被褐怀玉。

这可以说是发牢骚的愤激之言了。孔子临卒之年曾慨叹"天下莫能宗予"(《史记·孔子世家》)。《老子》此章也表示了这种慨叹。这就足以证明,《老子》上下篇确实是一位独立思想家的个人著作。

## 第二节
## 老子"道论"的深远影响

中国古典哲学的最高范畴是"道",而"道"的观念是老子首先提出的。春秋时著名政治家子产讲到"天道"与"人道",他说:"天道远,人道迩,非所及也,何以知之?"(《左传》昭公十八年)所谓天道指天象变化的规律及其与人事祸福的联系。子产此言,含有反对占星术的意义,是进步思想。孔子说:"谁能出不由户,何莫由斯道也!"(《论语·雍也》)其所谓"道"指人道而言。《论语》记载:"子在川上曰:'逝者如斯夫,不舍昼夜。'"(《子罕》)朱熹《集注》引程子曰:"此道体也。"宋儒以为孔子此语是指道体而言,事实上孔子还未有道体观念。以"道"指天地万物的本原,始于老子。孔子是否与闻老子关于道的言论,难以断定。在春秋以前,人们都认为"天"是最高、最大的。孔子说:"唯天为大,唯尧则之。"(《论语·泰伯》)以天为最大,这是当时一般人的共识。老子在思想史上第一次提出天地起源的问题,认为天并非永恒的,并非最根本的,而最根本的是"道"。《老子》二十五章:

>>> 在春秋以前,人们都认为"天"是最高、最大的。孔子说:"唯天为大,唯尧则之。"以天为最大,这是当时一般人的共识。图为清代佚名《药病三皇圣祖·苗稼五谷之神》。

> 有物混成，先天地生，寂兮寥兮，独立而不改，周行而不殆，可以为天下母，吾不知其名，字之曰道，强为之名曰大。

这即表示，称"先天地生"的本体为"道"，乃是老子首先提出的。所谓"先天地生"即谓在天地未有之先，道已经存在了，道是永恒的。"强为之名曰大"，我认为"大"当读为太。《庄子·天下》论老聃"主之以太一"，"太一"二字应读为"太"与"一"。"太"即是道，"一"是"道生一"之一。老子提出天地起源问题，以"道"为天地万物的本体，这是理论思维的一次巨大的跃进。

关于道，老子做了很多的诠释。近一二十年来，各种中国哲学史论著中对于老子关于道的学说已有很多的评议，我在拙著《中国哲学大纲》《中国哲学发微》《中国古典哲学概念范畴要论》中也已多次加以论列，这里仅对老子所谓"道"的主要含义做一些进一步的解析。

老子所谓"道"，无形无名，而又有物有象。一方面，"视之不见名曰夷，听之不闻名曰希，搏之不得名曰微。此三者不可致诘，故混而为一。其上不皦，其下不昧，绳绳不可名，复归于无物，是谓无状之状，无物之象，是谓惚恍"（十四章）。道是无形无状的。另一方面，"道之为物，惟恍惟惚，惚兮恍兮，其中有象；恍兮惚兮，其中有物"（二十一章）。"有物混成，先天地生……字之曰道。"（二十五章）道又是有物有象的，虽然惟恍惟惚，却是客观的实体。道生成万物，而又无所作为。"道生之，德畜之。"（五十一章）"道常无为而无不为。"（三十七章）"无为"即是没有意志，没有情感的。

老子所谓"道"，从其无形无状来说，没有可感性，在其没有可感性的意义上亦可谓没有物质性；从其有物有象来说，又具有客观实在性。从其无为没有意志没有情感来说，可谓又不具有精神性。道是超越一切相对性的绝对，可称之为超越性的绝对。（拙文《老子哲学辨微》认为老子的道是"非物质性的绝对"，还不够准确。道也是非精神性的绝对，应称为超越性的绝对。）

老子认为，这"道"是天地万物的存在根据。天地万物各自有其特殊性，但又具有统一的、普遍的存在根据。四章："道冲，而用之或不盈；渊乎，似万物之宗。"三十四章："大道泛兮，其可左右，万物恃之而生而不辞。"这都是表示，道是万物存在的依据。

老子学说中还有一个与道密切相连的重要观念，就是"自然"。二十五章："人法地，地法天，天法道，道法自然。"（河上公注："道性自然，无所法也。"）十七章："功成事遂，百姓皆谓我自然。"六十四章："以辅万物之自然而不敢为。"自然即是自己如此。道是自然的，百姓是自然的，万物也是自然而然的。老子提出自然观念，是对于"天意""天命"观念的反驳，是对于上帝信仰的排摈。四章："道冲，而用之或不盈；渊兮，似万物之宗……吾不知谁之子，象帝之先。"道在上帝之先，实际上这是对于上帝主宰一切的否定。从老子反对信仰上帝来看，可以说老子的道论具有唯物主义的意义。老子的"自然"论可以说是中国古代唯物主义的一个重要形式。

老子提出了"道"的观念，在战国时代发生了广泛的影响。《管子》、庄子、儒家的《易传》、法家韩非，都接受了"道"的观念，而各自加以推衍，有所改变。《管子·心术上》云："虚而无形谓之道，化育万物谓之德。"又云："道在天地之间也，其大无外，其小无内。"

（文句依《管子校正》校改）这"道"的观念显然来自《老子》，但老子宣称道"先天地生"，《心术上》则讲"道在天地之间"，有所不同。《庄子·大宗师》云：

> 夫道有情有信，无为无形；可传而不可受，可得而不可见；自本自根，未有天地，自古以固存；神鬼神帝，生天生地。

这是老子关于"道"的诠说的简明的概括，辞简而义备。《周易·系辞上传》云："形而上者谓之道，形而下者谓之器。"《老子》三十二章："道常无名朴。"又二十八章："朴散则为器。""道"与"器"的观念始于老子。《系辞》的"道""器"观念当系来自老子。《韩非子·解老》对于老子的道提出了自己的解释，以为道是万理的总合：

> 道者，万物之所然也，万理之所稽也。理者成物之文也，道者万物之所以成也。……万物各异理，而道尽稽万物之理。（稽，合也。）

以理诠道，以道为理，始于韩非。

如上所述，足证在战国时期，老子的道论已发生了广泛的影响。

汉初"黄老之学"盛行，老子受到推崇。汉武帝"独尊儒术"，但道家之说仍流传不绝。魏晋之时，老、庄、易号为"三玄"。隋唐时代，儒、释、道三教并尊。到北宋而理学兴起。理学家恢复了孔孟儒学的权威，但在思想学说中也吸取了老子的若干观点。张载、程颢、程颐都以"道"为最高范畴，而解释不同。张载以道为气化，所著《正蒙》云:"由气化,有道之名。"(《太和》)"二程"则以道为理。程颐说:"'一阴一阳之谓道',道非阴阳也,所以一阴一阳道也。"(《河南程氏遗书》卷三)认为道是一阴一阳的所以然之理。张、程立说不同,但以道指最高实体则是相同的。清代戴震同意张载以气化为道的观点,认为"气化流行,生生不息,是谓道。"(《孟子字义疏证》)亦以道指世界的本原。

从战国前期直至清代,"道"都是中国哲学的最高范畴。而"道"这个最高范畴是老子所提出的。应该肯定,老聃在中国哲学史上具有崇高的历史地位。

# 第九章

# 孔子哲学解析

孔子是中国古代最有影响的哲学家，在五四运动以前，就影响而论，没有别的历史人物能和他相比。过去封建统治者借"尊孔"来维护其封建统治；而在20世纪70年代，"四人帮"又借"反孔"来推行他们的封建法西斯主义。时至今日，历史在发展，时代在前进，现在已经达到这样一个时代："尊孔"固不足以骗取人心，"反孔"亦不足以伪装革命，因而有可能对于孔子进行科学的实事求是的讨论了。现在我们哲学史工作者的任务之一是全面地、客观地评论孔子。孔子的学说在历史上确曾起过严重的消极作用，而在若干方面也未尝没有显著的积极意义。对于孔子，应该进行全面的辩证的解析。

关于孔子的资料，有《论语》和《左传》《国语》以及《礼记·檀弓》中关于孔子言行的记载。过去传统的看法，认为《易大传》是孔子撰作的，《礼运》的大同理想是孔子倡导的。但仔细考察起来，《易大传》和《礼运》应是孔门后学的著作，都不能代表孔子的思想。现在来研究孔子，仍以《论语》《左传》《国语》和《檀弓》为最可信的材料。

孔子在汉代以后两千多年中，被崇奉为偶像，在那个时代，人们"以孔子之是非为是非"。这种传统态度，当然必须首先打破。唯有推倒了孔子的偶像，然后才有可能对孔子进行实事求是的科学讨论。

从《论语》看，孔子确有一个简单的哲学体系，至少有一个伦理学的体系。这个体系并不特别深奥。在先秦时代，孔子的学说，与老、庄、孟、荀对照，还是比较简单的。虽然如此，孔子的学说中，也还有一些深微曲折之处，但并非易于理解。有许多问题，众说纷纭，迄无定论。现在仅就孔子学说的主要内容，举出孔子思想的十个特点，略述管见。

## 第一节

## 述古而非复古

多年以来，人们认为孔子是复古主义者，认为孔子绝对拥护周礼，主张恢复西周制度。其实这种看法并不完全合乎事实。孔子说：

> 殷因于夏礼，所损益可知也；周因于殷礼，所损益可知也。其或继周者，虽百世可知也。（《论语·为政》）

这里有三层意思：第一，肯定有"继周者"，即认为周代不可能永存。第二，肯定"继周者"对于周礼亦有所损益。第三，认为"百世"的历史，后代对于前代，都有所损益，但不过有所损益而已，不会有根本的改变。这种观点，可称为"损益"观点，承认历史有变化，但不承认有根本的变化。这种观点，不是复古主义。后来荀子讲"百王之无变，足以为道贯"（《荀子·天论》），正是从孔子"百世可知"引申出来的。孔子又说："周监于二代，郁郁乎文哉！吾从周。"（《论语·八佾》）这里明确宣称"从周"，但应注意，这里所讲"从周"，乃是以周代与夏、殷二代比较而言，乃是认为周代的文化比夏、殷二代优胜，所以主张"从周"。在春秋时代，周制已坏，孔

>>> 多年以来，人们认为孔子是复古主义者，认为孔子绝对拥护周礼，主张恢复西周制度。图为明代佚名《孔子燕居像》。

子宣称"从周",确有保守的意义,但也有在三代之中取其最近的意义。孔子"从周",也是相对的。他又说:"行夏之时,乘殷之辂,服周之冕,乐则《韶》《舞》。"(《论语·卫灵公》)对于夏殷也还是有所取。孔子反对"铸刑鼎",不同意"用田赋",表现了在政治上的保守倾向;但他赞同"举贤",主张知识分子(士君子)参政,宣称他的弟子仲由、端木赐、冉求都有"从政"的才能(《论语·雍也》),并且说:"雍也可使南面"(同上),即以为冉雍可以治国。

这种士人参政的主张,显然是与西周制度不合的。

孔子自称"述而不作,信而好古"(《论语·述而》),即强调继承前人的传统,不必致力于新的创造,可以说有尊重传统而轻视创新的倾向。这种态度,对于保持传统有积极的作用,而对新事物的创造重视不够,在中国历史上确实起了消极的作用。后来的墨子,主张述而且作,就比孔子进步了。

## 第二节

## 尊君而不主独裁

儒家主张"尊君"（法家也是如此），这是从孔子开始的。子路批评荷蓧丈人说："长幼之节，不可废也；君臣之义，如之何其废之？"（《论语·微子》）正是因为孔门强调"君臣之义"，所以后来受到历代封建统治者的尊崇。但是，应该注意，孔子并不主张君主个人独裁。《论语》中有这样一段对话：

> 定公问："一言而可以兴邦，有诸？"孔子对曰："言不可以若是，其几也。人之言曰：'为君难，为臣不易。'如知为君之难也，不几乎一言而兴邦乎？"曰："一言而丧邦，有诸？"孔子对曰："言不可以若是，其几也。人之言曰：'予无乐乎为君，唯其言而莫予违也。'如其善而莫之违也，不亦善乎？如不善而莫之违也，不几乎一言而丧邦乎？"（《子路》）

非常明显，孔子是反对"言莫予违"的，以为不辨是非的"言莫予违"足以丧邦。这也就是，孔子虽然主张尊君，却不同意一人独裁。

孔子认为，人臣事君，要有一定的原则，他说："所谓大臣者，以道事君，不可则止。"（《论语·先进》）人君如有过失，应该进行谏诤。《论语》记载："子路问事君，子曰：'勿欺也，而犯之。'"（《宪问》）"犯之"即犯颜直谏。中国古代有"纳谏"的传统，虽然真能纳谏者不多，而表面上还要鼓励直谏。

这个传统也与孔子有关。

孔子也要求君主遵守一定的原则，他说："君使臣以礼，臣事君以忠。"（《论语·八佾》）君对于臣，也要遵守一定的制度。所谓"礼"，当然是有利于君的，但对君的行为也有一定的约束。

>>> 孔子虽然主张尊君,却不同意一人独裁。人臣事君,要有一定的原则,人君如有过失,应该进行谏诤。图选自清代焦秉贞《圣迹图》。

## 第三节
## 信天而怀疑鬼神

在孔子的哲学中,最高范畴是天,天是人事的最高决定者。孔子说:"天之将丧斯文也,后死者不得与于斯文也。天之未丧斯文也,匡人其如予何!"(《论语·子罕》)又说:"知我者,其天乎!"(《论语·宪问》)天是有意志、有智慧的。从孔子所谓天的这一意义来说,孔子的哲学是唯心主义。

但孔子所谓"天"已不同于商、周传统观念的天,有时又接近于自然之天。孔子说:"大哉尧之为君也,巍巍乎!唯天为大,唯尧则之。"(《论语·泰伯》)所谓"唯天为大",恐不能理解为唯有上帝最伟大,而是说天是最广大的,这天就是广大的自然了。孔子又说:"天何言哉?四时行焉,百物生焉,天何言哉!"(《论语·阳货》)这所谓"天",可以有不同的理解,有人解释为主宰之天,有人解释为自然之天。无论如何,这所谓"天"不同于商周传统观念中的天。在商周传统观念中,天是要发号施令的。孔子所谓"天",可以说是由主宰之天到自然之天的过渡形态。

孔子没有多讲天道问题,子贡说"夫子之言性与天道,不可得而闻也"(《论语·公冶长》);但并非完全未讲:"四时行焉,百物生焉",一个"行"字,一个"生"字,都可以说有相当深刻的意义。《论语》记载:"子在川上曰:'逝者如斯夫,不舍昼夜。'"(《子罕》)

>>> 孔子没有多讲天道问题。《论语》记载:"子在川上曰:'逝者如斯夫,不舍昼夜。'"万事如川流,动转不息。孔子强调"行""生""逝",这就是孔子的天道观。图为宋代马远《高士观瀑图》(今人临摹)。

万事如川流，动转不息。孔子强调"行""生""逝"，这就是孔子的天道观。

这个天道观包含辩证法。

孔子虽然承认天，而对于鬼神则持怀疑态度。他曾说："祭如在，祭神如神在。"（《论语·八佾》）两个"如"字，表示并非真有鬼神存在。孔子又说："务民之义，敬鬼神而远之，可谓知矣。"（《论语·雍也》）对于鬼神，虽仍要敬，却须"远之"，这样才算是明智。《论语》记载："子不语怪、力、乱、神。"（《述而》）又："季路问事鬼神，子曰：'未能事人，焉能事鬼！'"（《先进》）可见孔子是不愿谈论鬼神。《论语》又载：

> 子疾病，子路请祷。子曰："有诸？"子路对曰："有之。《诔》曰：祷尔于上下神祇。"子曰："丘之祷久矣。"（《述而》）

由这段故事看，孔子是不赞同祈祷的。所谓"丘之祷久矣"，乃是拒绝祈祷的委婉的说法。

孔子对于鬼神持怀疑态度，这在当时是有进步意义的。到孔门后学公孟子，就明确宣称"无鬼神"了。（《墨子·公孟》篇记载墨子和公孟子的辩论。据考证，公孟子即曾子弟子公明高，是孔子的再传弟子）。

## 第四节

## 言命而超脱生死

孔子肯定天命,强调"知命",他说:"道之将行也与,命也;道之将废也与,命也。"(《论语·宪问》)一切都是命所决定的。他自称:"五十而知天命。"(《论语·为政》)又说:"不知命,无以为君子也。"(《论语·尧曰》)认为知命是重要的。孔子既尊天,又讲命,这在理论上是一致的。

但孔子虽讲天命,却又非常重视人为,在生活上采取积极的态度。他曾自述道:"若圣与仁,则吾岂敢?抑为之不厌,诲人不倦,则可谓云尔已矣。"(《论语·述而》)《论语》又载:"叶公问孔子于子路,子路不对。子曰:'汝奚不曰:其为人也,发愤忘食,乐以忘忧,不知老之将至云尔!'"(同上)孔子所谓"为之",不过是学习传统文化,传授文化知识,但这种积极有为的态度,这种乐观的精神,对于中国民族文化的发展,确实起了积极的作用。

孔子还有一个值得注意的人生态度,即超脱生死,主张为道德理想而献出生命,不把死看作重要问题。"不知老之将至",当然更不知死之将至了。子路对孔子说:"敢问死。"孔子回答说:"未知生,

>>> 孔子还有一个值得注意的人生态度，即超脱生死，主张为道德理想而献出生命，不把死看作重要问题。图为明代仇英绘、文徵明书《孔子圣迹图·子贡庐墓图》。

焉知死？"（《论语·先进》）止应知生，何必知死？不应该考虑死后问题。而且生也是可以舍弃的。孔子曾说："志士仁人，无求生以害仁，有杀身以成仁。"（《论语·卫灵公》）为了实现仁的品德，可以牺牲自己的生命。这种自我牺牲的精神，是任何阶级的道德所必然要求的。曾有些年，有些人把"杀身成仁"当作反动的口号。事实上，我们不应因为反动派曾经利用这个口号而将这个口号本身也看成反动的。在中华民族的悠久历史上，许多民族英雄正是在这种精神的鼓舞之下而进行艰苦卓绝的斗争，以至献出自己生命的。

孔子不看重死后问题，这是孔子与宗教家不同的显著特点，这和中国古代无神论传统的形成有密切的联系。

## 第五节

## 标仁智以统礼乐

《吕氏春秋》说:"孔子贵仁。"(《不二》)仁是孔子哲学的中心观念,这是大家公认的。孔子固然贵仁,而亦贵智,《论语》中经常以仁智并举,并说明了仁智的区别。孔子说:"仁者安仁,知者利仁。"(《里仁》)仁者心安于仁而行之,智者以仁为有利而行之。所谓安是无所为而为,所谓利是有所为而为。韩非曾解释仁说:

> 仁者,谓其中心欣然爱人也;其喜人之有福,而恶人之有祸也;生心之所不能已也,非求其报也。(《解老》)

韩非虽然菲薄仁义,而这句对仁的解释却是深切的。孔子虽以为仁者的境界较智者为高,智者次于仁者,但他兼重仁智,这还是值得注意的。孔子也一再以仁、智、勇三者并举,如云:"知者不惑,仁者不忧,勇者不惧。"(《论语·子罕》)又云:"君子道者三,我无能焉:仁者不忧,知者不惑,勇者不惧。"(《论语·宪问》)后来《中庸》以知、仁、勇为"三达德"。兼言三德是儒家伦理学说特点之一。

《论语》中关于仁的问答不少,最重要者有四条:

子贡曰:"如有博施于民,而能济众,何如?可谓仁乎?"子曰:"何事于仁,必也圣乎!尧、舜其犹病诸!夫仁者,己欲立而立人,己欲达而达人。能近取譬,可谓仁之方也已。"(《雍也》)

颜渊问仁。子曰:"克己复礼为仁。一日克己复礼,天下归仁焉。为仁由己,而由人乎哉?"颜渊曰:"请问其目。"子曰:"非礼勿视,非礼勿听,非礼勿言,非礼勿动。"(《颜渊》)

樊迟问仁。子曰:"爱人。"(同上)

子张问仁于孔子。孔子曰:"能行五者于天下,为仁矣。""请问之。"曰:"恭、宽、信、敏、惠。恭则不侮,宽则得众,信则人任焉,敏则有功,惠则足以使人。"(《阳货》)

这四条中,"爱人"之训最为简明。"立人""达人"之训最为完备。"克己复礼"之训则说明仁与礼的联系,其义仍由"立人""达人"而来。孔子曾说"立于礼"(《论语·泰伯》),所以"己立而立人",必须视听言动合乎礼。"恭、宽、信、敏、惠"则是爱人的详细解说。

清代阮元《〈论语〉论仁篇》说:"子贡视仁过高,误入圣域,故孔子分别'圣'字,将'仁'字论之曰:所谓仁者,己之身欲立,则亦立人;己之身欲达,则亦达人。……己之身欲达,则亦达人。……立者,如'三十而立'之立;达者,'如在邦必达、在家必达'之达。""立"是有所成就,"达"是处事接物顺通无阻。所谓"己欲立而立人,己欲达而达人",表现出仁的阶级性。在奴隶制时代或封建制时代,统治阶级内部才有所谓"立达";被压迫阶级,在一般情况

>>> 曾有一种流行的说法,认为《论语》"人"和"民"是截然区分的。这种说法其实缺乏科学的论证,没有确实的依据。《论语》中以伯夷、叔齐、柳下惠等为逸民,显然贵族也称为民。图为现代吴玉如行书《伯夷颂》。

韓昌黎伯夷頌

士之特立獨行適於義而已不顧
人之是非皆豪傑之士信道篤而自
知明者也一家非之力行而不惑者
寡矣至於一國一州非之力行而不惑
者蓋天下一人而已矣若至於舉
世非之力行而不惑者則千百年
乃一人而已耳若伯夷者窮天地
亘萬世而不顧者也昭乎日月不足
為明崒乎泰山不足為高容也當殷
之明岸乎泰山不足為高容也當殷
之亡周之興微子賢也抱祭器而去之武王

之下，是无所谓"立达"的。孔子虽讲爱人，对于不同的阶级还要区别对待。在统治阶级内部，要"立人""达人"；对于劳动人民，则要求实行"宽""惠"。仁不可能要求消灭剥削和压迫，但是要求减轻剥削和压迫。

孔子宣扬"爱人"，表现了对于一般人民的重视。他以"博施于民而能济众"为最高理想，又以"泛爱众"为子弟的修养条目（《论语·学而》）。孔子肯定了一般人的独立意志，他说："三军可夺帅也，匹夫不可夺志也。"（《论语·子罕》）"匹夫"即是庶民，庶民各有自己的意志，是"不可夺"的。孔子重视一般人的独立意志，这有重要历史意义。《论语》记载："厩焚，子退朝，曰：'伤人乎？'不问马。"（《乡党》）郑玄注："重人贱畜。"这重人贱畜的态度，确是有进步意义的。

曾有一种流行的说法，认为《论语》中"人"和"民"是截然区分的，人不包括民，民不属于人。这种说法，看起来很新颖，其实缺乏科学的论证，没有确实的依据。《论语》中以伯夷、叔齐、柳下惠等为逸民（《微子》），显然，贵族也称为民。孔子称赞管仲说："民到于今受其赐，微管仲，吾其被发左衽矣。"（《宪问》）显然孔子自己也在受赐之民中。在《论语》中，所谓小人、庶人、野人，显然都属于民。在孔子心目中，民也是人。民是对"上"而言的，人是对己而言的。如说："上失其道，民散久矣。"（《子张》）"为仁由己，而由人乎？"（《颜渊》）如认为人指贵族，民指奴隶，那是全然缺乏客观根据的。

孔子所谓"仁"是有阶级性的，但其阶级性并不表现于在语言中把人与民区别开来。

孔子是当时的礼乐专家，强调礼乐，他的思想的特点是以仁统帅礼乐,使礼乐从属于仁。他说:"人而不仁,如礼何?人而不仁,如乐何?"(《论语·八佾》)又说:"礼云礼云,玉帛云乎哉?乐云乐云,钟鼓云乎哉?"(《论语·阳货》)孔子以仁统礼,使礼乐服从仁的指导,这在当时也有进步意义。

第六节

## 道中庸而疾必固

孔子非常崇尚中庸,他说:"中庸之为德也,其至矣乎!民鲜久矣。"(《雍也》)对于中庸,《论语》中没有更详的说明,与中庸有关的有下列诸节:

子贡问:"师与商也孰贤?"子曰:"师也过,商也不及。"曰:"然则师愈与?"子曰:"过犹不及。"(《先进》)

子曰:"不得中行而与之,必也狂狷乎!狂者进取,狷者有所不为也。"(《子路》)

尧曰:"咨尔舜!天之历数在尔躬,允执其中。四海困穷,天禄永终。"舜亦以命禹。(《尧曰》)

事情有一个适当的标准,叫做"中";超过这标准,就是"过";没有达到这标准,就是"不及"。处理许多事情,要合乎这个标准,这就是执中。这标准是经常性的,故称为中庸。

中庸有两层意思:第一,肯定事物的变化超过一定限度就要转向反面。第二，要求坚守这个限度，以免转向反面。这第一层意思合乎辩证法；第二层意思就是反辩证法的了。无论在自然界或在社会历史里，事物的发展过程中，在一定条件下，必须保持平衡，才能维持事物的存在；在另一条件下，必须打破平衡，才能继续向前发展。如果不论在什么条件下都要保持平衡，那就难以进步了。

孔子讲中庸，要求遵守一定标准，但他又反对"必""固"，以为不宜不顾条件专守某一固定标准。《论语》记载："子绝四：毋意，毋必，毋固，毋我。"（《子罕》）又载：

> 微生亩谓孔子曰："丘何为是栖栖者与？无乃为佞乎？"孔子曰："非敢为佞也，疾固也。"（《宪问》）

孔子又自称"无可无不可"（《微子》）。

所谓"毋必毋固"，所谓"疾固"，所谓"无可无不可"，都是表示处事接物要看实际情况，要有一定的灵活性。

孔子一方面讲"过犹不及"，一方面又着重"毋必、毋固"，这些思想中包含辩证法。

## 第七节

## 悬生知而重闻见

孔子区别了"生而知之"与"学而知之",以为"生而知之"的人高于"学而知之"的人。他说:"生而知之者,上也;学而知之者,次也;困而学之,又其次也。"(《论语·季氏》)谁是"生而知之者"呢?孔子没有讲过,他断言自己不是生而知之者,只是"学而知之者"。他说:"我非生而知之者,好古敏以求之者也。"(《论语·述而》)孔子自称"非生而知之",这不是谦词,乃是实语。他所谓"生而知之者上也",不过是虚悬一格而已。

孔子自负"好学",他注重多见多闻。他说:"盖有不知而作之者,我无是也。多闻,择其善者而从之,多见而识之,知之次也。"(《论语·述而》)他所谓多闻多见,即是所谓"好古敏求"。但他又不以多闻多见为满足,更要求贯通。《论语》载:"子曰:'赐也!汝以予为多学而识之者与?'对曰:'然,非与?'曰:'非也。予一以贯之。'"(《卫灵公》)"一以贯之"即用一个原则,把多闻多见的内容贯通起来。

多闻多见是学,一以贯之是思。孔子揭示学与思的关系,兼重学思。他说:"学而不思则罔,思而不学则殆。"(《论语·为政》)学而不思,则茫然无所得;思而不学,则将陷于迷妄。在学与思之中,他认为学是基础。他说:"吾尝终日不食,终夜不寝。以思,无益,不如学也。"(《论语·卫灵公》)必须学而后思,才能有所得。孔子所讲学与思的关系,基本上是正确的。

孔子以"生而知之"为最上,这是唯心主义观点;但他又强调多闻、多见的重要,这是唯物主义倾向。孔子的认识论可谓动摇于唯物论与唯心论之间。在后来的思想发展史上,他也有两方面的影响。

## 第八节

## 宣正名以不苟言

孔子提出正名的主张,《论语》记载:

> 子路曰:"卫君待子而为政,子将奚先?"子曰:"必也正名乎!"子路曰:"有是哉?子之迂也!奚其正?"子曰:"野哉由也!君子于其所不知,盖阙如也。名不正,则言不顺;言不顺,则事不成;事不成,则礼乐不兴;礼乐不兴,则刑罚不中;刑罚不中,罚不中则民无所措手足。故君子名之必可言也,言之必可行也。君子于其言,无所苟而已矣。"(《子路》)

以前,很多人(包括我在内)解释正名,都以"君君、臣臣、父父、子子"为正名的主要内容,这在事实上恐怕并不切合于正名的本义。"君君、臣臣、父父、子子",可以说是"循名责实",而正名是纠正名义,并不是一回事。在《论语》中,不乏纠正名义的例证:

> 冉子退朝。子曰:"何晏也?"对曰:"有政。"子曰:"其事也。如有政,虽不吾以,吾其与闻之。"(《子路》)

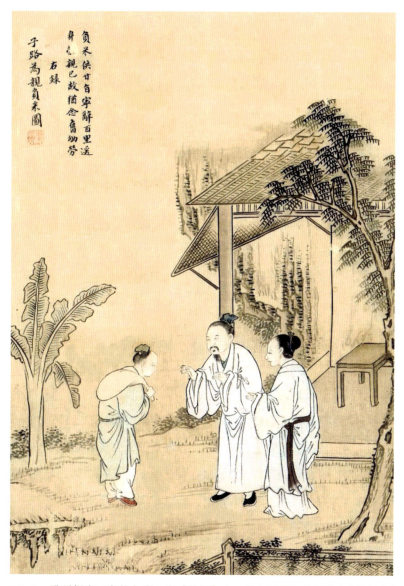

>>> 孔子提出正名的主张,在《论语》中,他与子路谈论了这个问题。图为清代周美《子路为亲负米图》。

这是分别政与事之名。

> 子张问:"士何如斯可谓之达矣?"子曰:"何哉,尔所谓达者?"子张对曰:"在邦必闻,在家必闻。"子曰:"是闻也,非达也。夫达也者,质直而好义,察言而观色,虑以下人。在邦必达,在家必达。夫闻也者,色取仁而行违,居之不疑。在邦必闻,在家必闻。"(《颜渊》)

这是分别闻达之名。

> "克、伐、怨、欲不行焉,可以为仁矣?"子曰:"可以为难矣,仁则吾不知也。"(《宪问》)

这是讨论仁的名义。

正名应是确定名词概念的含义,分别不同的名词的不同的含义。《论语》正名一节最后结语是"故君子名之必可言也;言之必可行也。君子于其言,无所苟而已矣",正说明了正名的意义所在。孔子把名与言联系起来,把言与行联系起来。正名的作用在于言之不苟。孔子提出正名的主张,是对于哲学的一个重大贡献,表现了他作为哲学家的特色。以后公孙龙和荀子讲正名,都是受了孔子的启发。以往哲学史工作者都过于重视正名的政治意义,忽略其逻辑意义。

我们现在应该求得对于这个问题的正确理解。

## 第九节

## 重德教而卑农稼

孔子论政治,着重道德教化,主张"道之以德,齐之以礼"(《论语·为政》),把道德教化置于首位。这是儒家的特点,孔子、孟子、荀子,都是如此。法家商鞅、韩非专重刑罚,以道德教化为无用,与儒家正相反。商、韩讲究法治,有其进步意义,但完全忽视道德教化,甚至以人民为敌,就陷于谬妄了。事实上,道德和法律是相辅相成的。孔子的德治学说仍有值得借鉴之处。

《论语》中有两条问答值得注意:

> 季康子患盗,问于孔子。孔子对曰:"苟子之不欲,虽赏之不窃。"(《颜渊》)

> 季康子问政于孔子曰:"如杀无道,以就有道,何如?"孔子对曰:"子为政,焉用杀?子欲善,而民善矣。君子之德风,小人之德草,草上之风必偃。"(同上)

所谓"盗",包括受压迫者对于统治者的反抗。季康子所谓"无道"，显然是人民对于统治者的反抗。对于这些问题，孔子反对"用杀"，主张进行道德教化。这种对于人民的态度，不无可取之处。

孔子曾说："天下有道，则庶人不议。"（《论语·季氏》）这是反对庶人议政。《左传》记载：

> 郑人游于乡校，以论执政。然明谓子产曰："毁乡校何如？"子产曰："何为？夫人朝夕退而游焉，以议执政之善否。其所善者，吾则行之；其所恶者，吾则改之。是吾师也。若之何毁之？……"仲尼闻是语也，曰："以是观之，人谓子产不仁，吾不信也。"（《襄公三十一年》）

子产不毁乡校，孔子加以赞扬，可见孔子也同意庶人议政，朱熹解释"庶人不议"说："上无失政，则下无私议，非箝其口使不言也。"这可能符合孔子的本意。

孔子重视道德教化，却看不起生产劳动。《论语》载：

> 樊迟请学稼。子曰："吾不如老农。"请学为圃，曰："吾不如老圃。"樊迟出。子曰："小人哉！樊须也。上好礼，则民莫敢不敬；上好义，则民莫敢不服；上好信，则民莫敢不用情。夫如是，则四方之民，襁负其子而至矣。焉用稼！"（《子路》）

这里把知识分子与劳动人民对立起来，劳动人民从事农稼，为统治阶级服务的知识分子只讲究礼、义就行了。战国时代，"为神农之言者"许行，已经批判这种观点。这是儒家的传统观点，是儒家思想的非常严重的缺陷。

## 第十节

## 综旧典而开新风

旧说：孔子删《诗》《书》，定礼乐，序《易传》，修《春秋》。孔子确实是以《诗》《书》、礼、乐教弟子，这有《论语》可证。至于是如何删定的，就难以详考了。《易大传》出于孔门后学，但孔子确曾研究过《周易》。孔子作《春秋》之说，始见于《孟子》，还没有别的证据足以推翻孟子此说。而《春秋》之中，哪些文句是孔子改定的，又不可考。

总之，孔子确曾整理过上古时代的文献，这是确定无疑的。

孔子对于古代的文化典籍做了第一次系统的整理。在整理文化典籍的过程中，孔子总结了尧、舜、禹、汤、文、武的统治经验，即原始社会末期以来的统治经验，并且总结了古代积累下来的文化知识，第一次提出了一个简单的认识论学说，第一次提出了一个比较系统的伦理学说。在政治上，孔子的态度虽然是比较保守的，但他总结了古代的统治经验，这本身也是一个贡献。

道德起源于原始社会，自从阶级出现以后，剥削阶级利用并改造了原始的纯朴道德，使之为占统治地位的剥削阶级服务。在阶级

>>> 旧说：孔子删《诗》《书》，定礼乐，序《易传》，修《春秋》。孔子确实是以《诗》《书》、礼、乐教弟子，这有'论语'可证。图为明代仇英绘、文徵明书《孔子圣迹图·删述'六经'图》。

社会中，仍然流传着一些揭示公共生活规则的处世格言。列宁曾经指出：

> 只有在共产主义社会中……人们既然摆脱了资本主义奴隶制……也就会逐渐习惯于遵守数百年来人们就知道的、数千年来在一切处世格言上反复谈到的、起码的公共生活规则，自动地遵守这些规则。(《列宁选集》第三卷)

在中国，孔子对于古代流传下来的处世格言，进行了一次总结，这些格言在他的伦理学说中占了重要位置。宣述了若干关于公共生活规则的格言，这是他的一项重大贡献。

西周时代，学在官府，祝、史掌握了全部知识。孔子在当时努力学习了这些知识，把这些知识传授于一般平民。在主观愿望上，他想保持周制，仅作部分的损益；在客观效果上，他的活动却进一步破坏了周制。他反对大夫专权，却倡导士人参政。战国时代，知识分子空前活跃，展开百家争鸣，这种新风实导源于孔子。

春秋时代是一个社会大转变的时代。这个转变时代是由领主所有制转向地主所有制，还是由奴隶制转向封建制，目前史学界尚无定论，而且在短期内不可能得到定论。但春秋时代是一个转变时代，则是确然无疑的。在这个转变时代中，孔子在政治方面比较保守，而在文化方面却是起了巨大的促进作用。

孔子的学说，对于中国的民族文化的形成有重要的积极作用。斯大林在《马克思主义和民族问题》中指出，民族的特征之一是"表现在共同文化上的共同心理素质"。他说："各个民族之所以不同，不仅在于它们的生活条件不同,而且在于表现在民族文化特点上的精神形态不同。"中国的传统文化,也表现了共同的心理素质,中华民族的共同心理素质与孔子思想有密切的关系。孔子对中国传统文化的影响,有不好的一面,也有良好的一面。孔子宣扬"述而不作",过于尊崇传统,不鼓励创新,在一定程度上起了阻碍新事物创造的不良作用。而孔子怀疑鬼神、超脱生死的观点,又促进了无神论的传播,使中华民族的宗教意识比较淡薄,这又有利于文化科学的发展。

我们现在正在进行社会主义现代化建设,必须进行反对剥削阶级思想意识的斗争。对于孔子学说中的糟粕,必须予以彻底的批判。然而,孔子的学说,在人类认识史中,确有一定的贡献,对此也应该有充分的认识。

第十章

《易传》与中国文化的优良传统

我们伟大的祖国屹立于世界东方，已有五千多年。在这漫长的历史中，中华民族创造了灿烂的文化。这种文化不断地发展，历久不衰，虽衰复振。我们举国上下在建设物质文明的同时，正努力建设社会主义精神文明。这就是中华民族文化由衰敝而走上高度发展的道路的明显事实。

中国古代文化的内容是复杂的，其中固然有许多已经陈腐的东西，但是也包含着不少积极的因素，并形成了优良的传统。这种优良传统的思想基础，存在于先秦的哲学理论之中。而先秦哲学对以后中国文化的发展产生深远影响的，首先是《易传》。

《易传》之所以对中国文化的发展产生深远的影响，主要有两方面的原因：第一，《易传》是依托孔子的，以孔子的名义立论，因而在学术上有崇高的地位；第二，《易传》有一些精粹深湛的观点，启迪了秦、汉以后的进步思想。

## 第一节

## 《易传》与孔学

《易传》十篇,汉代称为《易大传》,与汉、宋诸儒所写的《易传》有别。《汉书·艺文志》说:"《易经》十二篇,施、孟、梁丘三家。《易传》周氏二篇,服氏二篇,杨氏二篇……丁氏八篇。"《大传》十篇,古称"十翼",属于《易经》十二篇之中。宋代程颐、苏轼、朱震、杨万里都著有《易传》。所以严格说来,《易》的"十翼"应称《易大传》。今为简便计,仍从俗称为《易传》。

古代传说,《易大传》是孔子所写。对此,宋代欧阳修开始表示怀疑。从《易经》的内容来考察,它不可能是孔子所写。其中有"子曰"若干条。有一条是:"子曰:'颜氏之子,其殆庶几乎?有不善未尝不知,知之未尝复行也。'《易》曰:'不远复,无祗悔,元吉。'"(《系辞下传》)这"颜氏之子"指颜渊,这个"子"当然是孔子。但孔子著书,不可能写上"子曰"二字,这是《易传》非孔子所著的一个证据(当然还有许多别的证据)。不过,也应看到,《易传》既然有些语句标明"子曰",则《易传》当与孔子有一定的关系,它可能是孔门后学的著作。《史记》《汉书》记载《周易》的传授世系,是从

>>> 《易传》十篇，汉代称为《易大传》，与汉、宋诸儒所写的《易传》有别。宋代程颐、苏轼、朱震、杨万里都著有《易传》。图为清代黄慎《东坡玩砚图》。

孔子弟子商瞿到汉初的田何。这些记载，必有所据。《易传》当与这些传授《易经》的学者有关。《易传》中特别称述了颜渊，我个人推测，《易传》可能是"颜氏之儒"的遗著。《韩非子·显学》篇说：

> 自孔子之死也，有子张之儒，有子思之儒，有颜氏之儒，有孟氏之儒，有漆雕氏之儒，有仲良氏之儒，有孙氏之儒，有乐正氏之儒。……儒分为八。

在这八儒之中，孟氏、孙氏（荀子）声望最著。《易传》中所表现的思想观点，既不同于孟，也不同于荀，而与《论语》所记载的孔子学说有一致之处者较多。《系辞上》所谓"乐天知命，故不忧；安土敦乎仁，故能爱"，颇与《论语》所载颜渊的精神境界相似。所以，《易传》与"颜氏之儒"可能有比较密切的关系。总之，《易传》的思想是孔子哲学的进一步的发展，属于孔学，这是确定无疑的。

近年来，多数哲学史工作者认为《易传》非孔子所著。但是近代也有不少学者认定《易传》是孔子亲自撰写。哲学家熊十力，早年学佛，晚年由佛归儒，自称"舍佛归《易》"，他以为"归《易》"就是"归宗孔子"。应该承认，历史上多数的"易学家"没有接受欧阳修的见解，而仍然坚持旧说。《易传》在历史上主要是以孔子手著的名义而产生影响的。

近年发现了帛书《周易》，其中经传与通行本有同有异，表明战国末年《周易》不止一种传本。通行本是田何传授下来的。应该承认，从汉代以来，在历史上传授不绝、产生了重要影响的，是通行本《周易》，而不是帛书本。

## 第二节

## 《易传》中的唯物主义与唯心主义

《周易》古经本系卜筮之书。卜筮原属于古代宗教的迷信活动。《易传》对卜筮之书进行解释,承认了卜筮的作用。在这个意义上,《易传》的理论前提是唯心主义的。但是,《易传》解释经文往往是借题发挥,它对天地起源、万物变化、八卦来源都有所说明,它的理论是以对客观世界及其变化进行观察为依据的,这是一些唯物主义观点。可以说,《易传》是企图对卜筮活动做出具体的解释,因而其中既有唯心主义思想,又有唯物主义思想。

要对《易传》中的哲学有一个正确的认识,必须首先深入地考察《易传》中一些重要命题的真实含义。

### 一 "易有太极"解

在《易传》中,"易"字有三义:如"易之为书也""易有君子之道四焉",这"易"字是指《周易》古经而言。又如"生生之谓易",这"易"字指变化过程。此外,"易简而天下之理得矣",这"易"字则是简易之意。至于"易有太极"之"易",应做何解?有人以为指书而言,但《周易》古经中只有"乾坤""刚柔",并无太极观念。王弼以为太极指"大衍之数五十,其用四十有九"的不用之一。但是大衍"分而为二以像两",此二并非不用之一所生,而且此二只是像两,而非即两的本身,这与《易传》所谓"易有太极,是生两仪"的含义不同。崔憬说:"舍一不用者,以像太极虚而不用也。"又说:"四十九数合而未分,是像太极也。今分而为二,以像两仪矣。"既以"舍一不用"为"像太极",又以"四十九数合而未分"为"像太极",前后歧异,但认为这只是"像太极""像两仪",则比较确当。至多只能说"不用"之一或"四十九数合而未分"是"像太极",不能说此即太极。但这也只是《易传》对"大衍"的解释。所以,应该承认,太极观念是《易传》所特有的,并非《周易》古经所有。因而,"易有太极"的易字应与"生生之谓易"的"易"字同义,指变化过程而言。

关于"太极"的意义,历代解说不一。《汉书·律历志》引《三统历》云:"太极元气,含三为一。"郑玄《周易注》云:"太极,极中之道,淳和未分之气也。"虞翻说:"太极,太一也。分为天地,故生两仪也。"这是关于太极的最古的解释,我认为是比较正确的。后来王弼以大衍之数不用之一为太极,朱熹以为"太极者其理也",以最高的理为太极,都是唯心主义者的猜测之辞,都没有充分根据。《易传》以天地未分的统一体为世界的本原,这是一种唯物主义的观点。

## 二 "形上""形下"解

《易传》云:"形而上者谓之道,形而下者谓之器。"这是《易传》中的一个重要命题。孔颖达说:"道是无体之名,形是有质之称。凡有从无而生,形由道而立,是先道而后形,是道在形之上,形在道之下。故自形外已上者,谓之道也;自形内而下者,谓之器也。"程颐、朱熹认为形而上的道是理,形而下的器是气和物。戴震则认为气也是形而上的,上下犹如先后。形而上指未成形以前,形而下指已成形以后。这里的问题是:《易传》中所谓"道"与"器"是何意义?所谓"形而上""形而下"的"上""下"二字,究竟何义?

《易·系辞传》中"道"字屡见,摘举如下:

六爻之动,三极之道也。

《易》与天地准,故能弥纶天地之道。

通乎昼夜之道而知。

一阴一阳之谓道。

知变化之道者,其知神之所为乎!

夫《易》何为者也?夫《易》开物成务,冒天下之道如斯而已者也。

>>> 戴震则认为气也是形而上的，上下犹如先后。形而上指未成形以前，形而下指已成形以后。图为当代李兆虬《戴震》。

> 是以明于天之道，而察于民之故。

> 天地之道，贞观者也；日月之道，贞明者也。

> 《易》之为书也，不可远，为道也屡迁。

> 《易》之为书也，广大悉备。有天道焉，有人道焉，有地道焉。兼三才而两之，故六。六者非它也，三才之道也。道有变动故曰爻。

这所谓"天地之道""昼夜之道""变化之道"，基本上是同一意义。"三极之道"即"三才之道"，包括天道、人道、地道。综观这些"道"字，可以说都是法则、规律的意义。《易传》说："动静有常，刚柔断矣。"又说："《易》简而天下之理得矣。"这"动静有常"的"常"，"天下之理"的"理"，与"天地之道"的"道"，基本上是同义的。

关于器，《易传》还说："见乃谓之象，形乃谓之器。"有一定形状者才叫做器。《易传》以"象"与"形"对举，如说："在天成象，在地成形，变化见矣。"又以"法""象"并举，如说："成象之谓乾，效法之谓坤。""是故法象莫大乎天地。""仰则观象于天，俯则观法于地。"（以上俱见《系辞》）"象"与"形"是相互对待的，"法"与"象"也是相互对待的。"法象"之"法"应是固定形式之意。这里有一个问题：所谓"象"是属于形而上的，还是属于形而下的呢？张载认为"象"也是形而上的，"气化"就是"道"；程颐、朱熹则认为"象"是形而下的,与"器"同类。戴震也认为气是形而上的,器物才是形而下的。从《易传》的文句来看,"象"与"道"是有区别的,如日、月是"象":"悬象著明莫大乎日月"(《系辞》),但是日、月不就是"日月之道"。"变化者,进退之象也。刚柔者,昼夜之象也。"(同上)变化与"变化之道"有别;昼、夜与"昼夜之道"有别。我认为,在《易传》中,"道""象""器"应该是三个层次,不是两个层次。"道"与"器"是相对的,"象"与"器"也是相对的,这是属于不同方面的对立。

"道"是抽象的"理","器"是具体的"物"。《易传》以"道"为形而上,以"器"为形而下,是否如孔《疏》所说,是主张"形由道而立""先道而后形"呢?这是一个关键性的问题。先秦古籍中所谓上、下,有时是指先、后而言,如以远古为"上世",以当时为"下世"。但上、下还有另外一种意义。在《论语》中,分别上、下的文句,不乏其例。如孔子说:"中人以上可以语上也,中人以下不可以语上也。"(《雍也》)"生而知之者,上也;学而知之者,次也。困而学之,又其次也;困而不学,民斯为下矣。"(《季氏》)"唯上智与下愚不移。"(《阳货》)这些所谓上、下,都不是先、后之义,而是高、卑之义。孔子又说"下学而上达"(《宪问》),这更是下在先、上在后了。我认为"形而上""形而下"的上、下,也不是在先、在后之意,而是高、卑之义。"形而上"犹云"高于形"的;"形而下"犹云与形相当或"低于形"的。《易传》认为"道"是高妙的,所以说"形而上者谓之道"。《孟子》记载公孙丑云:"道则高矣、美矣,宜若登天然。"(《尽心上》)《易传》所谓"形而上者谓之道,形而下者谓之器",是肯定"道"高于形器的,这是对"道"的赞美之辞。

《易传》说:"一阴一阳之谓道。"(《系辞》)这是先秦哲学中最重要的辩证法命题。显然,以"一阴一阳"为内容的"道",不可能先于阴、阳而存在。老子以道为"先天地生",《易传》则以为"道"是阴阳的对立统一的规律。《易传》中关于"道"的学说并不是认为"形由道而立""先道而后形",这是与老子不同的。

## 三 《易传》中若干命题的两层含义

《易传》中有许多关于"乾坤""刚柔""易"的文句,在过去的注释中,有人解"乾坤"为乾卦、坤卦,解"刚柔"为阳爻、阴爻,解"易"为《周易》古经;也有人解"乾坤"为天、地或阴、阳,解"刚柔"为阴、阳对立面,解"易"为变易。这两种解释都是可通的。

《易传》中也有些文句的"易"不能解释为《易经》,如"生生之谓易",此"易"指变化而言。荀爽注:"阴、阳相易,转相生也。"这是对的。朱熹注:"阴生阳,阳生阴,其变无穷,理与书皆然也。"这就迂曲勉强了。《易传》有些文句中的"乾坤"不能解释为乾卦、坤卦,如"夫乾,其静也专,其动也直,是以大生焉。夫坤,其静也翕,其动也辟,是以广生焉。"这里"乾坤"指天、地而言,不能解为乾、坤二卦。

《系辞》中的下列文句可以有两种解释,亦可以说有两层含义。

一例:"刚柔相推而生变化。"

朱熹注："言卦爻阴、阳迭相推荡，而阴或变阳，阳或化阴。"也可以说含有阴阳相互推动而引起变化的普遍意义。

二例："乾坤其易之缊邪？乾坤成列，而易立乎其中矣。乾坤毁，则无以见易；易不可见，则乾坤或几乎息矣。"

此"乾坤"可解为乾、坤二卦，亦可解为天、地；此"易"可解为《易经》，也可解为变易。细绎文义，"易立乎其中""易不可见"，解为《易》这书立乎其中，《易》这书不可见，究属牵强。荀爽注："毁乾坤之体，则无以见阴阳之变易也。"不以"易"为书，实较顺适。乾坤不仅指上天下地，实含蕴一阴一阳的对立。

三例："乾坤其《易》之门邪？乾，阳物也；坤，阴物也。阴阳合德，而刚柔有体。"

这"乾坤其易之门"，可以解为乾、坤二卦是《易经》的门户。但下句明言"乾，阳物也；坤，阴物也"，则乾、坤非指卦而言。荀爽注："阴阳相易，出于乾坤，故曰门。"较为得之。这是说阴阳的对立是变易的根源。

《易传》中关于刚柔与变化、乾坤与变易的命题，实际上含有对立是变化根源的意义。这是深刻的辩证法思想。

## 四 《易传》的"象爻""卜筮"论

《系辞》论述八卦的制作说："古者包牺氏之王天下也，仰则观象于天，俯则观法于地，观鸟兽之文与地之宜，近取诸身，远取诸物，

>>> 《系辞》论述八卦的制作说:"古者包牺氏之王天下也,仰则观象于天,俯则观法于地,观鸟兽之文与地之宜,近取诸身,远取诸物,于是始作八卦。"这是认为八卦是仰观俯察而画出来的。图为宋代马麟《伏羲像》。

于是始作八卦。"这是认为八卦是仰观俯察而画出来的。《系辞》又论卦爻的意义说:"圣人有以见天下之赜,而拟诸其形容,象其物宜,是故谓之象。圣人有以见天下之动,而观其会通,以行其典礼,系辞焉以断其吉凶,是故谓之爻。"又说:"是故《易》者,象也;象也者,像也。……爻也者,效天下之动者也。"这是说,《易经》中的卦象、爻画,是对"天下之赜"(复杂的事物)"天下之动"(运动变化)的模拟仿效。《易传》的这些观点,都表现了唯物主义的倾向。

但是《系辞》盛赞卜筮的作用:"以卜筮者尚其占。是以君子将有为也,将有行也,问焉而以言,其受命也如响。无有远近幽深,遂知来物。非天下之至精,其孰能与于此?"又说:"易无思也,无为也,寂然不动,感而遂通天下之故。非天下之至神,其孰能与于此?"这是认为,人们通过卜筮就可以预知未来的事情。《易经》本是无思无为的,人们如果进行占卜,它就能告知天下之事。这些观点显然是唯心主义的。

总之,在《易传》中,唯物主义观点与唯心主义思想是交错并存的。《易传》是对卜筮之书《易经》的解说,虽然多有借题发挥之处,但对于卜筮,是不可能加以非议的。值得注意的是,《易传》在对卜筮之书进行解说时,提出了一些唯物主义的观点,这是《易传》思想的价值所在。

## 第三节

## 《易传》的变易哲学是中国文化优良传统的思想基础

《易传》富于辩证思维,这是人所共知的。《易传》的中心观念是变易,宣扬"日新""生生"。这种变易观念应用于人生观,于是强调"刚健",主张"自强不息";应用于天人关系问题,于是提出了"裁成天地之道,辅相天地之宜"的天人协调学说。我认为,这些就是中国文化不断前进、不断发展的真实思想基础。

### 一 "日新""生生"

《系辞》肯定变化的普遍性:"在天成象,在地成形,变化见矣。"天上日、月、星辰之象,地上草、木、鸟、兽、山、河之形,都表现了变化。《系辞》更论变化的意义云:"变化者,进退之象也。"又说:"阖户谓之坤,辟户谓之乾。一阖一辟谓之变,往来不穷谓之通。"或进或退,一开一闭,都是变化。

《系辞》提出"日新之谓盛德""生生之谓易"的重要命题。"日新"即新而又新，"生生"即生而又生。"生生之谓易"是《易传》提出的关于变易的界说。《系辞》强调"生"，认为"天地之大德曰生"。所谓"生"，即产生、发生之义。孔颖达疏："言天地之盛德，常生万物，而不有生，是其大德也。""德"指本性。"日新"是"盛德"，"生"是"大德"。"日新"亦即生的含义。《系辞》又云："天地氤氲，万物化醇。男女构精，万物化生。""化醇"指粗化而为精，"化生"指旧化而为新。

《系辞》重生，也承认有生必有死："原始反终，故知死生之说。"有始必有终，有生必有死。但终则有始，死者虽不可复生，旧终必有新始，始终相续不绝，《系辞》称之为"继"："一阴一阳之谓道，继之者善也。"所谓"继"，即是连续性。事物既有变易性，又有连续性。《易传》以为连续性是善的基础。如果没有连续性，也就无所谓善了。

《易传》重视"日新""生生"，因而在政治上也强调变革，肯定变革的必要，《系辞》云："变而通之以尽利""功业见乎变"。《彖传》赞美汤武革命："天地革而四时成，汤武革命，顺乎天而应乎人，革之时大矣哉！"（《革卦》）孟、荀都是盛赞汤、武的。《易传》也高度赞扬汤、武，这是先秦儒家的一贯的观点。

《易传》为中国封建制时代的变革思想奠定了基础。

## 二 "刚健""自强"

《易传》论天人之道，提出"刚健"观念，认为天是运行不息

>>> 《象传》赞美汤武革命,孟、荀都是盛赞汤、武的。《易传》也高度赞扬汤、武,这是先秦儒家的一贯的观点。图为当代雕塑《牧野之战》。

的，称之为"健"，人亦应效法天的"健"而"自强不息"。《象传》云："天行健，君子以自强不息。"自强不息即是勉力前进，永无休止。

《易传》盛赞刚健的品德，《彖传》云："需，须也。险在前也。刚健而不陷，其义不困穷矣。"遇险在前，待时而动，不陷于险，则能保持其健。又云："大有，柔得尊位大中，而上下应之，曰大有。其德刚健而文明，应乎天而时行。"又云："大畜，刚健笃实，辉光日新。其德刚上而尚贤，能止健，大正也。"此皆依据卦象而赞美刚健，含有以刚健为重要原则的意义。

老子提出"虚静""柔弱"之说，强调"柔弱"胜"刚强"，但是"有见于屈，无见于申"，陷于一偏。《系辞》依据卦爻论刚柔云：

二与四同功而异位，其善不同。二多誉，四多惧，近也。柔之为道，不利远者，其要无咎，其用柔中也。三与五同功而异位，三多凶，五多功，贵贱之等也。其柔危，其刚胜邪？

二、四皆阴位，柔而得中，亦可无咎。三、五皆阳位，以柔处之则凶危，以刚处之则可胜。这是说，刚柔的胜负，要看所处的地位。这就纠正了老子"贵柔"的偏失。

老子的"柔静"学说，对中国文化有深远的影响；但是，在中国文化的发展中发挥主要作用的还是《易传》的"刚健"学说。老子的社会理想是"复结绳而用之"，庄子学派更宣称"文灭质、博溺心"，这都是对文化的否定。所以老庄学说只能作为儒家的补充，而儒学在中国古代文化中始终居于主导的地位。在儒家学说中，《易传》

作为孔学的重要内容,影响实为最大。文化是需要不断前进、不断发展的,不前进就会陷于停滞、陷于偏枯。《易传》所宣扬的"自强不息"的精神,激励着许多思想家、科学家、艺术家进行新的探索,把文化事业推向前进。这是中国文化史上的最重要的事实。

## 三 "裁成""辅相"

先秦时代,孟子提出"存心、养性、事天"之说,把天与人的心性贯通起来,但是他说得过于简略。庄子鼓吹"不以心捐道,不以人助天",主张废弃人事,因任自然。荀子批评庄子"蔽于天而不知人",强调"天人之分",肯定改造自然的必要,提出"制天命而用之"的主张。但荀子又宣称"唯圣人为不求知天",割断了认识自然与利用自然的联系。庄子因任自然的思想,对文化的繁荣发展不可能起推动的作用。荀子改造自然的学说,事实上没有发生过重要的影响。对于中国传统文化的发展产生了广泛而深远影响的是《易传》关于天人关系的学说。《易传》提出"裁成天地之道,辅相天地之宜"的原则,实际上是中国传统文化的指导思想。

《象传》云:"天地交,泰。后以财成天地之道,辅相天地之宜,以左右民。"("财"同"裁",荀爽本作"裁"。郑玄注:"财,节也。辅相、左右,助也。"孔颖达疏:"'天地之道'者,谓四时也,冬寒、夏暑、春生、秋杀之道。'天地之道'者,谓天地所生之物各有其宜。")裁成、辅相即加以调整之义。朱熹云:"财成以制其过,辅相

>>> 先秦时代，孟子提出"存心、养性、事天"之说，把天与人的心性贯通起来，但是他说得过于简略。图为明代仇英《竹梧消夏图》。

以补其不及。""后"指国君,认为国君有裁成、辅相的作用,这是唯心史观的表现。但是肯定人有调整自然的作用,还是有重要意义的。

《系辞》论圣人的品德与作用云:"与天地相似,故不违;知周乎万物,而道济天下,故不过;旁行而不流,乐天知命,故不忧;安土敦乎仁,故能爱;范围天地之化而不过,曲成万物而不遗。"此言圣人有广博的知识,又有深厚的感情,能调节自然的变化,而委曲成就万物。范围即节制之义。朱熹云:"天地之化无穷,而圣人为之范围。不使过于中道,所谓裁成者也。"

《文言传》提出"先天而天弗违,后天而奉天时"的命题:"夫大人者,与天地合其德,与日月合其明,与四时合其序,与鬼神合其吉凶。先天而天弗违,后天而奉天时。天且弗违,而况于人乎?"孔颖达疏引庄氏云:

> "与天地合其德"者,谓覆载也。"与日月合其明"者,谓照临也。"与四时合其序"者,若赏以春夏、刑以秋冬之类也。"与鬼神合其吉凶"者,若福善祸淫也。"先天而天弗违"者,若在天时之先行事,天乃在后不违,是天合大人也;"后天而奉天时"者,若在天时之后行事,能奉顺上天,是大人合天也。

"先天"指在自然变化之前加以引导,"后天"指遵循自然的变化。"先天而天弗违,后天而奉天时",即天人协调一致。《易传》论天人关系,主要是讲国君、圣人、大人的作用,这是对统治者的吹嘘。从这一方面来说,未免虚夸失实;但是从另一方面来说,这究竟肯定了人类的能动作用,还是有一定的积极意义的。

>>> 《易传》所谓"裁成天地之道,辅相天地之宜",主要是就农业生产而说的,但其意义不限于农业。这种观点认为人对于自然既应有所因任,又应有所改造。图为清代郎世宁《雍正祭先农坛图》。

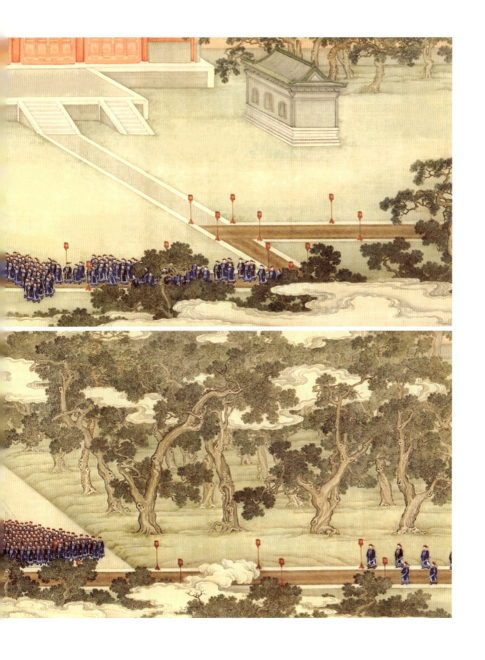

《易传》也指出了天道与人道的区别,《系辞》说:"显诸仁,藏诸用,鼓万物而不与圣人同忧,盛德大业至矣哉!"天地之大德曰生,故云"显诸仁";天地含有生成万物的内在功能,故云"藏诸用"。天地生成万物,良莠不齐,善恶并育,不与圣人同其忧虑。圣人唯愿有良而无莠、有善而无恶,与天道不同。唯其如此,所以圣人要发挥"裁成""辅相"的作用。《系辞》又云:"天地设位,圣人成能。"上天下地,定位于彼;圣人居于天地之中,完成应尽之功能。

《易传》所谓"裁成天地之道,辅相天地之宜",主要是就农业生产而说的,但其意义不限于农业。这种观点既不同于庄子的因任自然,也不同于荀子的改造自然,而认为人对于自然既应有所因任,又应有所改造。这不但承认自然的客观规律,也肯定人类的主观能动作用,是一种全面的辩证的观点。

总之,《易传》的"日新""生生"以及"刚健""自强"的思想,鼓舞着人们不断前进;《易传》的"裁成""辅助"的思想,具有保持生态平衡的深刻意义。《易传》的变易哲学确实起了引导文化稳步发展的积极作用。

第十一章

宋明理学的基本性质

我们现在的任务之一是对宋明理学做出科学的总结,本章则仅仅试图对宋明理学的基本性质做一点扼要的说明。

## 第一节
## 道学、理学、心学

北宋中期，周敦颐、张载、程颢、程颐都对宇宙人生的根本问题进行了比较深入的探讨，著书立说，各自提出了比较完整的哲学体系。他们宣扬所谓"圣人之道"，标榜所谓"圣人之学"，有时以"道""学"二字并举。后来，他们的学说被称为"道学"，亦称为"理学"。程颐在所作《明道先生墓表》中说：

> 先生名颢……周公没，圣人之道不行；孟轲死，圣人之学不传。道不行，百世无善治；学不传，千载无真儒。……先生生千四百年之后，得不传之学于遗经，志将以斯道觉斯民。（《伊川文集》卷七）

这里，以"道"与"学"分开来说。程颐在《上孙叔曼侍郎书》中又说："家兄学术才行，为世所重。……其功业不得施于时，道学不及传之书"（同上书，卷五），这里以"道""学"二字连用，事实上道学是指道与学，还不是称其兄程颢之学为道学。

南宋初年，朱熹编定《河南程氏遗书》，在所写序文中说："夫以

>>> 北宋中期,周敦颐、张载、程颢、程颐各自提出了比较完整的哲学体系。后来,他们的学说被称为"道学",亦称为"理学"。图为当代毕建勋《北宋五子》。

二先生唱明道学于孔、孟既没千载不传之后,可谓盛矣。"这里也以"道""学"二字并举。后来反对朱熹的人就以标榜"道学"为朱熹的一个罪状,于是"道""学"二字就成为一个学派的名称了。

《宋史》设立《道学传》,将周、程、张、朱列入《道学传》中。周、程、张、朱被认为是道学的代表人物。

与朱熹同时讲学而见解有所不同的陆九渊,没有列入《道学传》中。事实上,陆九渊也是继承、发挥程氏学说的,也应属于道学。后来到了明代,王守仁又发展了陆氏学说,他标榜"心学"。陆王之说区别于程朱之说,可称为心学。程朱学说虽也讲心,但所讲与陆氏心学不同,亦可专称为"理学"。

一般认为,周、程、张、朱是程朱学派的代表人物。周敦颐是"二程"的启蒙教师,他的学说是"二程"的先导。张载与"二程"同时讲学,他的学说与"二程"学说有同有异。他讲学于关中,被称为关学;"二程"讲学于洛阳,被称为洛学。张载以"气"为最高范畴,"二程"以"理"为最高范畴,其间还是有重要区别的。朱熹综述"二程",也采纳了张载的一些思想。他把关学看作洛学的附庸,这是不符合实际情况的。

应该承认,所谓"道学",实际包括三个流派:一是张载的"气"一元论,后来到明代的王廷相和明、清之际的王夫之才得到进一步的发展。二是程颐、朱熹的"理"一元论,后来成为南宋中期至清代中期的官方哲学。三是陆九渊的"心"一元论,到明代的王守仁得到了充分的发展。

理学有广、狭二义。广义的理学包括"气"一元论、"理"一元

>>> 理学强调在"人伦日用"中体现"至理",在平时"履践"中"尽性至命"。所谓"日用"即日常生活,所谓"履践"即实际活动,所谓"尽性至命"即实现最高理想。理学不信仰有意志的上帝,不肯定有不灭的灵魂,反对"三世轮回"之说,主张在现实生活中达到崇高的精神境界。图为明代仇英《清明上河图》,描绘了宋代日常生活。

论、"心"一元论三派；狭义的理学专指程朱学说。

理学是宋、明时代占统治地位的思想，在历史上曾发生广泛的影响。

## 第二节

## 理学的主要特点

理学虽然分为三派,但也有一些共同的特点。这些特点主要有三:

第一,理学为先秦儒家孔子、孟子的伦理道德学说提供了本体论的基础。

第二,理学把封建地主阶级的道德原则看作永恒的绝对的最高原则,这样来为封建等级秩序提供理论辩护。

第三,理学认为在现实生活中提高觉悟即可达到崇高的精神境界,而不需要承认灵魂不死,不需要承认有意志的上帝。

周、张、"二程"比较深入地研讨了本体论的问题,他们的本体论是和孔、孟的伦理道德学说密切地联系在一起的。

理学家把孟子所讲"仁、义、礼、智"四德和"父子有亲,君臣有义,长幼有序,夫妇有别,朋友有信"五伦看作天经地义,并加以较详的论证,实际上是为封建社会的等级秩序大唱赞歌。

理学强调在"人伦日用"中体现"至理",在平时"履践"中"尽性至命"。所谓"日用"即日常生活,所谓"履践"即实际活动,所谓"尽性至命"即实现最高理想。理学不信仰有意志的上帝，不肯定有不灭的灵魂，反对"三世轮回"之说，主张在现实生活中达到崇高的精神境界。

这三个特点是统一的，是不可分割的。

我们可以从张载、程颐的自述中看一看他们学术的独特风格。

张载讲述自己的学术宗旨说："为天地立心，为生民立道，为去圣继绝学，为万世开太平。"（《语录》中）这里"为天地立心"是说天地本来无心，人在天地之间生存，人对于天地的认识，也可以说就是天地的自我认识，人对于天地有深刻的理解即是为天地立心。"为生民立道"是说为人民建立生活的最高原则。"为去圣继绝学"是说要继承发扬先秦儒家孔、孟的学说。"为万世开太平"是说寻求一个长治久安的方案。

这四句的主要意义即是要求把对自然界的了解与关于人类生活的理想密切结合起来。

程颐在所作《明道先生行状》中叙述其兄程颢的学术宗旨说：

> 明于庶物，察于人伦。知尽性至命，必本于孝悌；穷神知化，由通于礼乐。辨异端似是之非，开百代未明之惑……其言曰："道之不明，异端害之也。昔之害近而易知，今之害深而难辨。昔之惑人也，乘其迷暗；今之入人也，因其高明。自谓之穷神知化，而不足以开物成务。言为无不周遍，实则外于伦理；穷深极微，而不可以入尧、舜之道。"

这是理学宗旨的最深切扼要的说明。这就是说：程颢的学说着重"尽性至命"与"孝悌"的统一,着重"穷神知化"与"礼乐"的统一,要求把"穷神知化"与"开物成务"结合起来,把普遍的原理与人伦德行结合起来。也就是说,要对于宇宙"神化"有深刻的认识,而在现实生活中把这种认识体现出来。程颐的这些话,固然是叙述其兄的学术宗旨,实际上也是讲明自己的学术宗旨。

程颐所说"自谓之穷神知化,而不足以开物成务。言为无不周遍,实则外于伦理;穷深极微,而不可以入尧、舜之道",是对佛教的批判。这也是表明,佛教是出世的宗教,而理学则反对出世,要求既能"穷神知化""穷深极微",也能"开物成务",实行"伦理"。

宋明理学接受了佛、老的一些影响,这是事实。理学家在建立本体论之时,参照了佛、老的学说,有所择取,有所批判。在历史上,不同学派,交光互影,这是思想发展的规律,无足怪者。但理学的中心思想确实来自先秦儒家,这更是必须承认的。

吕大临《横渠先生行状》说:"上书谒范文正公,公一见知其远器……劝读《中庸》。先生读其书,虽爱之,犹未以为足也,于是又访诸释、老之书,累年尽究其说,知无所得,反而求之'六经'。"程颐《明道先生行状》说:"慨然有求道之志。未知其要,泛滥于诸家,出入于老、释者几十年,返求诸'六经'而后得之。"张、程研究过老、释之书,但是他们最终离开了佛、老,归本于孔、孟的学说。张载在《正蒙》中批判了道家"有生于无"之说,更批判了佛教"以山河大地为见病"之说,他的学说基本上是老、释的对立面。程颐讲儒、佛的区别说:"天有是理,圣人循而行之,所谓道也。圣人本天,释氏本心。"(《遗书》卷二十一下)程氏学说与佛学的区别,

>>> 程颢的学说着重"尽性至命"与"孝悌"的统一,着重"穷神知化"与"礼乐"的统一,要求把"穷神知化"与"开物成务"结合起来,把普遍的原理与人伦德行结合起来。图为宋代佚名《女孝经图》。

是很明显的。

历来佞佛之士，大都贬抑理学，以为理学家著书立说，窃取了佛教的许多论点。例如金朝的李纯甫曾说："伊川诸儒，虽号深明性理，发扬'六经'圣人心学，然皆窃吾佛书者也。"（《宋元学案》卷一百《屏山鸣道集说略》引）事实上，这是李纯甫的主观偏见，是佛教对理学的诽谤。

又如晚清学者沈善登说："心性之学，莫精邃于佛书。宋儒千言万语，或录全文，或括大旨。皆本于此。"（见沈著《报恩论》）沈氏举出"事理对举，无为善恶对举，心要内外两忘，心有全体大用及体用一原、显微无间"诸说为证。事实上，理学家所谓"事理"与佛教华严宗所谓"事理"根本不是一个意义，而"事""理"二字连用已见于先秦书中；"无为善恶""内外两忘"，源出老、庄；"体用"之说，亦非佛教专用语；"显微"语本《中庸》。沈氏未尝深考，说是都本于佛书，恐难免"浅见寡闻"之讥。

沈善登又说："宋儒恶佛教之胜己，尤不信因果三生之理，遂并鬼神而疑之，创为一气屈、伸之说，谓死则还之太虚，殊不可通。"（《经正民兴说》）这还是不得不承认，宋儒理学与佛教之间，确实有重要的区别。宋儒不信来世，不信鬼神，表现了无神论的倾向，至少在这一方面，理学包含了一些真理。

总之，理学基本上是先秦儒家孔、孟学说的进一步发展，虽然探讨了佛、老所提出的一些问题，汲取了佛、老的一些思想观点，而其基本倾向是与先秦儒家一致的。

## 第三节

## 理学是哲学而非宗教

理学与佛教之间,还有一个最重要的区别,就是:佛教是宗教,而理学只是哲学,不是宗教。

理学不信仰有意志的上帝,不信灵魂不死,不信三世报应,没有宗教仪式,更不做祈祷,所以理学不是宗教。

道家与道教也有区别。道教是宗教,但先秦道家老庄学说是哲学而不是宗教。道教尊崇老子为教主,但是不能因为道教以老子为教主就认为老子学说也是宗教。

理学家中,张载的学说基本上是唯物主义,程、朱的学说是客观唯心主义,陆、王的学说是主观唯心主义。哲学唯心主义与宗教有联系,也有区别。不承认哲学唯心主义与宗教的联系,是不对的;不承认哲学唯心主义与宗教的区别,也是不对的。张载猛烈抨击佛教的迷信,他说:

> 浮图明鬼,谓有识之死,受生循环,遂厌苦求免,可谓知鬼乎?以人生为妄见,可谓知人乎?……今浮图极论要归,必

谓死生转流，非得道不免，谓之悟道，可乎?（《正蒙·乾称》）

张氏是坚决反对"死生转流"的轮回之说的。程颢也批判佛教说：

> 佛学只是以生死恐动人。可怪二千年来，无一人觉此，是被他恐动也。圣贤以生死为本分事，无可惧，故不论死生。佛之学为怕死生，故只管说不休。下俗之人固多惧，易以利动。至如禅学者，虽自曰异此，然要之只是此个意见。（《遗书》卷一）

佛教以生死问题为出发点，儒家根本不重视生死问题。这是儒、佛的一个根本区别，也是宗教与非宗教的一个根本区别。如果把不重视生死问题、不讲来世彼岸的理学也看作宗教，那就混淆宗教与非宗教的界线了。

程颐也谈到所谓"上帝"，《遗书》记载："曰：'天与上帝之说如何?'曰：'以形体言之谓之天，以主宰言之谓之帝，以功用言之谓之鬼神，以妙用言之谓之神，以性情言之谓之乾。'"（卷二十二上）又说："又问：'天道如何?'曰：'只是理，理便是天道也。且如说皇天震怒，终不是有人在上震怒? 只是理如此。'"（同上）这是从"理"一元论的观点给予传统所谓天或帝以及鬼神以新的解释。所谓"天"，所谓"帝"，只是理而已。这个"帝"是没有意识、没有意志的，并不是人格神。

自南北朝、隋、唐以来，有儒、道、释三教之说。其所谓"教"，泛指学说、教训而言。《中庸》云："天命之谓性，率性之谓道，修道

>>> 自南北朝、隋、唐以来,有儒、道、释三教之说。其所谓教,泛指学说、教训而言。图为明代佚名《三教图》。

之谓教。"儒教之教，即"修道之谓教"之教。儒教即是儒学，并非一种宗教。

理学汲取了道教和佛教的一些修养方法，如周敦颐讲"主静无欲"，"二程"经常静坐，这是理学家的一个严重缺点。虽然如此，周、程的学术宗旨，基本倾向还是与佛教、道教大不相同的。我们不能因为理学家采取了佛教、道教的一些修养方法便认为理学也是宗教。

## 第四节

## 理学与宋明封建制度

宋明理学，实际上是为宋、明时代的封建等级秩序提供理论根据，为宋、明封建制度进行哲学地论证。

张载认为气是天地万物的本原，而气的聚散变化表现为理。他说："天地之气，虽聚散、攻取百涂，然其为理也顺而不妄。"（《正蒙·太和》）气凝聚而成万物，万物有一定的秩序。他又说："生有先后，所以为天序；小大、高下，相并而相形焉，是谓天秩。天之生物也有序，物之既形也有秩。知序然后经正，知秩然后礼行。"（《正蒙·动物》）天秩、天序是自然的秩序，自然秩序是礼的根据。张载从宇宙论的高度来论证封建礼制的必要性。

程颢、程颐以理为天地万物的本原，而强调所谓"理"即是父子关系、君臣关系的原则。程颢说："父子君臣，天下之定理，无所逃于天地之间。""为君尽君道，为臣尽臣道，过此则无理。"（《遗书》卷五）程颐论上下、尊卑的关系说："天而在上，泽而处下，上下之分，尊卑之义，理之当也，礼之本也……夫上下之分明，然后民志有定。民志定，然后可以言治；民志不定，天下不可得而治也。"

(《周易程氏传·履》)"二程"从宇宙论的高度来为封建等级秩序进行辩护。后来朱熹更发挥了"二程"的这些观点，宣称君臣、上下的等级秩序是理所当然。

理学是反映封建时代等级秩序的哲学，起了加强封建等级制度的作用。

但是理学家并不赞成绝对君权，不赞成君主个人专断。程颐说：

> 古之圣人，居天下之尊，明足以照，刚足以决，势足以专，然而未尝不尽天下之议，虽刍荛之微必取，乃其所以为圣也，履帝位而光明者也。若自任刚明，决行不顾，虽使得正，亦危道也，可固守乎？有刚明之才，苟专自任，犹为危道，况刚明不足者乎？(《周易程氏传·履》)

程颐反对君主专断自任，更反对以顺上为忠，他说：

> 曰："弗损益之。"《传》曰："不自损其刚贞，则能益其上，乃益之也；若失其刚贞，而用柔说，适足以损之而已，非损己而益上也。世之愚者，有虽无邪心，而唯知竭力顺上为忠者，盖不知弗损益之之义也。"(《周易程氏传·损》)

程颐主张人臣应保持"刚贞"的态度，坚持原则，这样才有益于国家的统治。程颐是不同意绝对君权的。《程氏遗书》记载：

> 先生旧在讲筵，说《论语》"南容三复白圭"处，内臣贴却容字，因问之。内臣云："是上旧名。"先生讲罢，因说："适

程颐反对君主专断自任,更反对以顺上为忠。他主张人臣应保持"刚贞"的态度,坚持原则,这样才有益于国家的统治。图为清代佚名《忠义世家》。

来臣讲书,见内臣贴却容字。夫人主处天下之尊,居亿兆之上,只嫌怕人尊奉过当,便生骄心,皆是左右近习之人养成之也。"(《遗书》卷十九)

程颐反对过分的尊君,这在当时是有进步意义的。理学是统治阶级根本利益的反映,反对过分尊崇君主,是为了维护统治阶级的长久利益。

在政治思想上,程颐主张开发民智,反对"愚民"政策,他说:"民可明也,不可愚也;民可教也,不可威也;民可顺也,不可强也;民可使也,不可欺也。"(《遗书》卷二十五)程颐强调学者有启迪民智的责任,他说:"君子之学也,'使先知觉后知,使先觉觉后觉',而老子以为'非以明民,将以愚之',其亦自贼其性欤!"(同上)区分先觉后觉,在当时历史条件下是不可避免的。反对愚民,发扬明民,这还是进步的。

程颐强调,研究学问是知识分子应尽的义务。他说:

今农夫祁寒暑雨,深耕易耨,播种五谷,吾得而食之。今百工技艺作为器用,吾得而用之。甲胄之士披坚执锐以守土宇,吾得而安之。却如此闲过了日月,即是天地间一蠹也。功泽又不及民,别事又做不得,唯有补缉圣人遗书,庶几有补尔。(《遗书》卷十七)

士之于学也,犹农夫之耕。农夫不耕则无所食,无所食则不得生。士之于学也,其可一日舍哉?(《遗书》卷十八)

在封建时代，程颐能以士的生活与农夫、百工和兵士的生活相对照，指出如果"闲过了日月"，便成为"天地间一蠹"，这是难能可贵的。他强调研究学术、从事著述是士的义务。程颐是一个思想家，也是一个著作家，也是一个教育家，他的学术著作与教育事业在中国文化史上是有贡献的。

理学虽然是为封建制度提供理论根据的哲学，但也包含了一些进步的观点。

## 第五节

## 理学与反理学思想的对立

理学是宋明哲学的主要潮流。但宋、明时代在理学之外，还有反理学或非道学的思想。

北宋时代有王安石的"新学"与苏轼、苏辙的"蜀学"，都是与理学不同的。南宋时代，有陈亮、叶适重视事功的学说。北方金国还有尊崇佛教的李纯甫，更是猛烈反对理学的。

理学家中，既有唯物主义者，也有唯心主义者。反理学的思想家中，也是既有唯物主义者，又有唯心主义者。王安石曾经阐扬了一些唯物主义观点，陈亮、叶适都反对唯心主义。苏轼、苏辙则是赞扬唯心主义的。至于李纯甫，更是佛教唯心主义的信仰者了。

王安石讲学，比张载、"二程"早几年，他的学风与张、程不同。王安石的学说，号为"新学"。程颐尝说："杨时于新学极精，今日一有所问，能尽知其短而持之。"（《遗书》卷二上）杨时是"二程"弟子中攻击新学最力的人。当时洛学反对新学的斗争是很激烈的。王安石是一个积极有为的政治家，但没有提出完整的哲学体系来。

"二苏"的思想融会儒、道、释三家，不批判佛老。北宋元祐年间，有洛、蜀之争，洛学与蜀学的理论分歧也是很明显的。"二苏"主要是文学家，在哲学上影响不大。

南宋陈亮、叶适发表了许多反对理学的言论。陈亮说：

> 二十年之间，道德、性命之说一兴，迭相唱和，不知其所从来。……以圣人之道为尽在我，以天下之事无所不能，能麾其后生以自为高而本无有者，使唯己之问，而后欲尽天下之说一取而教之，顽然以人师自命。（《送王仲德序》）

> 自道德性命之说一兴，而寻常烂熟无所能解之人自托于其间，以端悫静深为体，以徐行缓语为用，务为不可穷测以盖其所无，一艺一能，皆以为不足自通于圣人之道也。于是天下之士始丧其所有，而不知适从矣。为士者耻言文章行义，而曰"尽心知性"，居官者耻言政事书判，而曰"学道爱人"，相蒙相欺，以尽废天下之实，则亦终于百事不理而已。（《送吴允成运乾序》）

这就是说，理学家专门研讨"道德、性命"的问题，不注意实际事务，没有解决实际问题的能力。陈氏对于当时理学学风的批评有切当之处，但也不尽合于事实。当时朱、陆两家并不"耻言文章、行义"，更非"耻言政事、书判"，只是特别重视"尽心知性""学道爱人"而已。所谓"相蒙相欺以尽废天下之实，则亦终于百事不理而已"更是过甚其词，危言耸听，与当时理学家的百行是不相符合的。

叶适评论周、张、"二程"的学说云："本朝承平时，禅说尤炽。儒、释共驾，异端会同。其间豪杰之士，有欲修明吾说以胜之者，而

>>> 王安石讲学，比张载、"二程"早几年，他的学风与张、程不同。王安石的学说，号为"新学"。图为宋代王安石行书《楞严经旨要卷》。

大佛頂如來密因修證了義諸菩薩萬行首楞嚴經

爾時觀世音菩薩即從座起頂禮佛足而白佛言世尊憶念我昔無數恒河沙劫於時有佛出現於世名觀世音我於彼佛發菩提心彼佛教我從聞思修入三摩地初於聞中入流亡所所入既寂動靜二相了然不生如是漸增聞所聞盡盡聞不住覺所覺空空覺極圓空所空滅生滅既滅寂滅現前忽然超越世出世間十方圓明獲二殊勝一者上合十方諸佛本妙覺心與佛如來同一慈力二者下合十方一切六道眾生與諸眾生同一悲仰世尊由我供養觀音如來蒙彼如來授我如幻聞熏聞修金剛三昧與佛如來同慈力故令我身成三十二應入諸國土世尊若諸菩薩入三摩地進修無漏勝解現圓我現佛身而為說法令其解脫若諸有學寂靜妙明勝妙現圓我於彼前現獨覺身而為說法令其解脫若諸有學斷十二緣緣斷勝性勝妙現圓我於彼前現緣覺身而為說法令其解脫若諸有學得四諦空修道入滅勝性現圓我於彼前現聲聞身而為說法令其解脫若諸眾生欲心明悟不犯欲塵欲身清淨我於彼前現梵王身而為說法令其解脫若諸

周、张、'二程'出焉，自谓出入于佛、老甚久，已而曰'吾道固有之矣'……于子思、孟子之新说奇论，皆特发明之，大抵欲抑浮屠之锋锐，而示吾所有之道若此。……岂非以病为药，而与寇盗设郛郭助之捍御乎？"（《习学记言》卷四十九）他还说："佛之学入中原，其始因为异教而已，久而遂与圣人之道相乱。有志者常欲致精索微以胜之，卒不能有所别异。"（《李氏中洲记》，《水心集》卷九）这就是说，对于佛教，不必进行辩论，张、程宗述子思、孟子，批判佛教，只是以病为药；研讨精微的问题，与佛教辩论，其结果将不可能与佛教划清界限。叶氏认为张、程之学不能与佛教"有所别异"，这只能说明他不能理解张、程之学与佛教的别异，并不能说明张、程之学与佛教没有别异。叶氏不但反对张、程之学，而且对于《周易·系辞》、子思、孟子关于"性与天道"的学说，也一概反对。此外，叶氏也反对荀子的学术。叶适在政治上是进步的，在学术上却是一个哲学无用论者，他表现了轻视理论研究的狭隘态度。

陈、叶批评朱、陆所讲的"义利之辨"，这有一定的进步性，但他们在哲学理论上贡献不大。陈亮、叶适反对理学的斗争最终归于失败，这是有其内在原因的。

理学是封建思想，反理学思想也是封建思想。二者在政治立场上基本是一致的。推崇理学，轻视反理学的思想，是不对的；褒扬反理学思想，不做具体分析，也是不对的。

## 第六节
## 批判理学与清除封建影响

宋明理学是封建时代占统治地位的哲学,是封建意识在哲学上的表现。

宋明理学是维持当时现存制度的哲学,是维持现状的哲学。宋明理学是保守性的思想。归根到底,宋明理学是当时的生产关系在哲学上的反映,实际上也起了巩固当时生产关系的作用。

在明代中期以前,中国还没有出现资本主义生产关系的萌芽,当时的封建生产关系还没有过时。从这一意义来说,在明代中期以前,理学还不能说是反动的思想。后来,时代前进了,理学就逐渐成为陈腐的了。

明、清之际的进步思想家黄宗羲、顾炎武、王夫之等突破了理学的局限,提出了一些新的观点,建立了新的理论,对于哲学思想的进一步发展做出了重大的贡献。

五四运动开始的反封建的思想革命,打倒孔、孟的偶像,也摧毁了理学的基础。新中国成立以来,伟大的社会主义革命已经取得了光辉的成就,但是现在仍然有一个彻底清除封建意识的任务,对于宋明理学进行批判是完全必要的。

但是,批判理学也并不意味着对理学全盘否定。理学在中华民族文化的发展史上曾经有过巨大的影响,不能简单地予以抛弃。

理学在历史上起过消极作用,也起过积极作用。

程朱学派的有害作用是加强了封建礼教,勒紧了君权、父权、夫权的封建绳索,铸造了束缚人民思想的精神枷锁。吃人的礼教就是在程朱学派的影响下形成的。

陆王学派专门强调反省内求,拒绝探求自然界的规律,造成空疏虚玄的学风,对于自然科学的发展起了严重的阻碍作用。

但是,理学也有一些积极的影响。理学家讲究操守,强调气节,提倡"舍生取义"的精神。宋代以后,许多反抗外来民族侵扰的英雄人物表现了坚贞不屈的民族气节,这与理学的熏陶是分不开的。

理学不借助于宗教信仰,而充分肯定精神生活、道德修养的重要;不信有意志的上帝,不信灵魂不死,不信来世彼岸,而充分肯定人的价值、人的尊严、人生的意义,力求达到崇高的精神境界。虽然他们的精神境界具有历史的局限和阶级的局限,但这种在无神论的基础上充分肯定人类精神生活的价值的学说,确实具有重要的理论意义。

至于理学把封建地主阶级的道德原则"仁""义""礼""智",看作永恒的、绝对的,看作天地万物的本原,看作人心的固有内容,这充分表现了理学家的阶级偏见,其为谬妄,在今日已是显而易见的了。

宋明理学在中国的理论思维的发展史上有重要的地位。张载讲

> 宋代以后,许多反抗外来民族侵扰的英雄人物表现了坚贞不屈的民族气节,这与理学的熏陶是分不开的。图为明代沈周《西湖岳坟图》。

"气"一元论,程、朱讲"理"一元论,陆、王讲"心"一元论,虽然有正确与错误之分,但在理论思维上都达到了较高的水平。张载深研变化,阐发了对立统一("两一")的观点;程、朱宣扬"即物穷理",对学术的发展起了推动作用;陆、王强调独立思考,对个人的主观能动性有所发挥。宋明理学在认识史上的作用还是不可忽视的。所以,批判理学,要对理学进行科学分析。

第十二章

# 中国文化的历史传统及更新

社会生活可分为三个方面：一是经济，二是政治，三是文化。就是说，社会生活除了政治、经济之外，一切都可以称作文化。这种广义的文化包含三个层次：最高层次是哲学、宗教，这是社会的最高指导思想。第二个层次是文学、艺术、科学、技术，等等。它受哲学、宗教的指导，同时也是哲学的基础和表现。第三个层次是社会心理，其中包括风俗习惯以及一般人的思想意识。哲学与社会心理是相互作用的，哲学经常是社会心理的提高和纠正；社会心理则是哲学思想的普及和庸俗化。一方面，哲学家要纠正、提高社会心理。举例说，在封建社会中，一般人的习惯是追求"富贵利达"、升官发财；哲学家对此持一种批评态度，从老子、孔子开始就看不起总想升官发财的人。哲学所追求的是一种更高的精神境界。另一方面，社会心理也受哲学家的影响。这在中国封建社会后期非常显著。明、清时代讲妇女贞节，已成为社会心理。一个女子在丈夫死了以后要守节，这种思想原来是从哲学家的议论来的。宋代的程颐说："饿死事极小，失节事极大。"这一议论后来就被人们所接受，变成了社会心理，成了封建礼教。这是一种消极的、恶劣的影响。

## 第一节
## 文化发展的基本规律

关于文化发展的基本规律,我想应该注意以下几条。

### 一 民族文化的积累性与变革性

大家都承认,文化是随着经济、政治的变革而变革,随着时代的发展而发展的,文化知识应该不断更新。同时,我们也要承认文化有积累性,古代人所发现的真理,不能随便轻视,还要加以重视,加以学习。例如欧几里得几何学,直到现在还是学习几何学的必修课,尽管现在已经有了非欧几里得几何学,但欧几里得几何学还是要学习。这就是文化发展的积累性。

>>> 水利很受重视,通过治水来调节人与自然的关系,既是统治阶级的要求,也是人民的要求。图为当代张跃进、梁时民、李锛《李冰父子与都江堰》。

## 二 民族文化的共同性和矛盾性

民族文化是一个民族各阶级的文化,它有共同性。关于人与自然的关系、关于民族之间的矛盾斗争,不同的阶级或阶层可以有共同的认识与目标。例如水利,各阶级都很重视,通过治水来调节人与自然的关系,既是统治阶级的要求,也是人民的要求。又如,在民族问题上,中国有一个传统,就是保卫民族独立,不向外族屈服。这是民族文化共同性的一面。应该注意,我们同时还应看到,民族文化又有矛盾性,有不同的方面。

列宁讲过,有两种文化,一种是反动文化,一种是带有民主性的文化。这一思想很重要。一个民族中的两种文化,就是民族文化中的对立倾向。专制主义与反专制主义的斗争,科学与宗教的斗争,抗战派与投降派的斗争等,都是这种对立的表现。在中国历史上,每一个时代都有两种文化的斗争,例如宋代岳飞主张抗金、秦桧主张投降,人民最后肯定岳飞是民族英雄,认为他代表民族文化的优良传统;而秦桧却遗臭万年,永远被人民唾骂。总之,中国文化也有两个方面,对这种矛盾性也应该注意。

## 三 民族文化的交流和民族的主体意识

在中国历史上,有两次中外文化接触,第一次是西汉末年、东汉初年佛教输入,到魏晋南北朝、隋唐时期,佛教有了广泛的影响。

第二次是"西学东渐"。"西学东渐"分两段：一段是明代末年到清代康熙时代，一些西方传教士到中国传播天主教，带来许多西方科学。到了雍正时代，清政府采取"闭关自守"政策，断绝了中外文化的交流。再一段是鸦片战争以后，西学大量输入，中国许多先进人士向西方寻求真理。这两次中外文化接触交流，性质是不一样的。在第一次中外文化接触时，中国处在封建时代，印度也处在封建时代，印度封建文化输入中国封建文化之中，属于同级的文化交流。而当时中国的政治、经济力量很强大，胜过印度的政治、经济力量。有这种力量做背景，中国能够接触并且消化印度文化。隋、唐时期佛学很盛行，但在思想界占主导地位的仍然是儒家思想。发生在明末的第二次外来文化的输入，本来是个好事情。中国许多学者都愿意接受，当时崇祯皇帝也愿意接受西方科学；后来明灭亡，清兴起，康熙皇帝也愿意接受西方的科学。虽然当时输入的西方科学是伽利略以前的西方科学，但输入进来还是很有好处的。雍正时期由于有其他方面的原因，下令禁海，中断了西方科学的输入。后来随着帝国主义的武力侵略，西学又输入进来，当时中国顽固派掌权，拒绝西方文化。由于西方文化是武力侵略带进来的，所以一般群众对西方文化也有反感。当时中国大多数人对西方文化还不了解，只有少数进步人物对西方文化有较深的了解。鸦片战争后，中国第一任驻英公使郭嵩焘看到西方经济、政治、学术很高明，便给清朝皇帝上奏折，主张学习西方的先进文化。而当时中国的顽固派反对郭嵩焘，认为他有卖国思想，要不得。郭嵩焘的建议没有被采纳，结果使中国吃了大亏，导致八国联军打到北京。一个民族要进步，应该主动吸取外国的先进文化。不然的

>>> 当时中国大多数人对西方文化还不了解,只有少数进步人物对西方文化有较深的了解。鸦片战争后,中国第一任驻英公使郭嵩焘看到西方经济、政治、学术很高明,便给清朝皇帝上奏折,主张学习西方的先进文化。图为当代门简成《郭嵩焘出使英国》。

话，一个民族故步自封、拒绝接受外国的先进文化，就会落后于其他民族，而落后就要挨打。这是非常重要的一个历史经验。

可是，在接受外来文化时，有一个问题应该注意，就是要保持民族文化的独立性。民族文化的独立性，也可叫做"民族文化的主体意识"。文化是为民族的生存服务的。民族是一个主体，吸收外来文化要为民族服务，使我们这个民族更加发达兴旺。但是不能丧失民族文化的独立性，不能完全跟着人家学，应该发挥自己的主动精神和创造精神。这点在西方各民族中认识得比较清楚。英国文化有英国文化的特点；法国文化有法国文化的特点，法国文化虽然受英国文化的影响，但它要保持法兰西民族的特点；德国文化更是如此。西方每一民族都要保持自己民族的特点，所以，我们学习西方文化，也要保持自己民族的特点，发挥我们的创造精神，这样我们民族的文化才有希望。

## 第二节

## 国民性和民族精神

20世纪20年代，思想界提出了改造国民性问题，这个问题提得很好，像鲁迅先生关于国民性就讲了很多话，当时确实起了进步作用。当时所谓的"国民性"，主要是指这样一些所谓"劣根性"：愚昧、守旧、怯懦、盲从、散漫、迟缓、没有时间观念、没有效率观念，等等。所谓"国民性"，并不是遗传性，而是一些落后的"国民积习"。改造国民性就是改造落后的"国民积习"。这里有一个问题，所谓"国民性"是否只有劣根性，有没有良根性？假如中华民族只有劣根性，那中华民族就没有在世界上存在的资格了，这就等于否定自己民族存在的价值。新中国成立前，我们这个民族有许多缺点，因而被人称为"东亚病夫""一盘散沙"。经过抗日战争、解放战争，成立了新中国，中国人民从此站了起来，很快摘掉了"东亚病夫""一盘散沙"的帽子，表现了坚忍不拔、英勇不屈的民族精神。中国人有许多优良的品质，我们不能妄自菲薄。我常想，一个延续了五千余年的大民族，必定有一个在历史上起主导作用的基本精神，这个基本精神就是这个民族延续发展的思想基础和内在动力。在西方，古希腊文

>>> 20世纪20年代,思想界提出了改造国民性问题,像鲁迅关于国民性就讲了很多话,当时确实起了进步作用。图为现代马达《鲁迅像》。

化表现了希腊精神,法国人民强调法兰西精神,德国人民宣扬日耳曼精神,东方的日本也鼓吹大和精神。中华民族的精神文明基本的主导思想意识可以称为"中华精神","中华精神"即指导中华民族延续发展、不断前进的精粹思想。我认为,"中华精神"集中表现于《易传》中的两个命题。《易传》讲"天行健,君子以自强不息","自强不息"就是永远努力向上,绝不停止,这句话表现了中华民族奋斗拼搏的精神,表现一种生命力,不向恶劣环境屈服。这里有两方面的意思。在政治生活方面,对外来侵略决不屈服,对恶势力决不妥协,坚持抗争,直到胜利。在个人生活方面,强调人格独立。孔子说:"三军可夺帅也,匹夫不可夺志也。"孟子也讲过:"富贵不能淫,贫贱不能移,威武不能屈。"古代儒家强调培养这种伟大人格。这种精神,应该肯定。《易传》中还有一句话:"地势坤,君子以厚德载物。"就是说,要有淳厚的德性,能够包容万物,这是中华民族兼容并包的精神。在西方有宗教战争,不同的宗教绝对不相容。佛教产生于印度,却不为婆罗门教所容。结果佛教在印度被消灭了。在中国,儒学、佛教、道教彼此是可以相容的,这种现象只有中国才有。"天行健,君子以自强不息;地势坤,君子以厚德载物",一个是奋斗精神,一个是兼容精神。"自强不息、厚德载物"这两点可以看成是中华民族精神的主要表现。

《易传》中的这两句话,在过去的时代中发生了很大的影响。

## 第三节

## 当代中国的文化形态及其发展趋势

20世纪80年代，新中国已经有三十多年的历史，我们的文化已经不是封建文化，这是人所共知的。那么，当代中国的文化形态又是如何呢？对此，我想提出以下几点看法。

## 一 生活方式的变化和工作方式的依旧

这是一个矛盾。生活方式的变化表现得很显著，以衣、食、住、行而言，现在穿的衣服是西方的样式，不是我们过去时代的衣服；住的楼房是西式的，已经不是中式的四合院。现在中国的城市房屋建筑基本采取了西方的方式。在行的方面，飞机、火车等交通工具也是西化了的。只是在食的方面，不仅中国人吃中国菜，在西方也有许多人吃中国菜。这方面保持了中国原有的特点。现在号召分餐，这点我也完全赞成，在食的方式上实行西化，更符合卫生的原则。总之，在生活方式方面，中国较之过去变化是很大的。

>>> 生活方式的变化表现得很显著，以衣、食、住、行而言，现在穿的衣服是西方的样式，不是我们过去时代的衣服；住的楼房是西式的，已经不是中式的四合院。图为清代王翚《仿王蒙山水图》中的四合院。

可是，另一方面，有许多社会习惯、工作作风，封建遗风相当严重，最突出的就是尊官贵长，这是一个封建传统，与社会主义精神不符合。

## 二 社会制度的先进和经济管理的落后

应该肯定，我们的社会制度比资本主义制度高明，因为我们已经废除了人剥削人的制度，可是我们在经济管理、行政管理方面有许多问题，最根本的问题是不够民主。因为我们历史上没有经过资产阶级民主阶段。西方资产阶级民主也是经历了二三百年才确立起来，而我们从五四运动算起，也还不到一百年，民主传统还没有健全，这是一个重要问题。

## 三 高尚精神的发扬和民主法制的不足

现在社会上出现许多先进人物，忘己济人、舍己救人、大公无私、自我牺牲，体现这种精神的事情很多，超过了过去的时代，这是应该肯定的，也是令人敬佩的。另一方面，我们缺乏民主传统、法制传统，这是一个大缺点。还有不讲信义的不正之风也很严重，这些矛盾现象也应该看到。

## 四 科学技术已具备初步基础,可对科学技术重视的气氛还较淡漠

从辛亥革命、五四运动以后,我们已有了自己的科学,不能说我们现在还缺乏科学传统,西方科学那一套办法我们基本上学会了,这是应该承认的。但是,社会对知识重视的程度还不够,这主要表现在重视知识分子还不够,所以在肯定知识的价值方面还要造舆论。

下面,我想简单地对社会主义新中国文化的发展道路谈点自己的看法。

### 第一,谈谈中西结合的必然性

先讲一个具体例子,比如中西医结合。中国的古代科学到现在还能站得住的,可以和西方科学并列的,就是医学。中国医学是有独特成就的,西方人也承认这一点。中国医学讲"阴阳五行",非常难懂,也比较神秘,但中医治病确有疗效,这是大家公认的。中医的经络学说,关于整体看问题的观点是有价值的。医学应该走中西结合的发展道路。就科学技术方面而论,我们尚落后于西方,我们还有一个现代化的问题。西方社会已经现代化了,不存在现代化的问题,但却又出现"现代化后"的问题。例如,西方现在出现的家庭解体,就属于这方面的问题。无论是中国现代化的问题,还是西方现代化后的问题,我们都要研究,找出科学的答案,做出正确的决策。

>>> 中国医学是有独特成就的,西方人也承认这一点。中国医学讲"阴阳五行",非常难懂,也比较神秘,但中医治病确有疗效,这是大家公认的。图为当代金瑞《中华国医图》。

## 第二,谈谈关于文化的体用问题

清代末年张之洞宣扬"中学为体,西学为用",严复提出批评,指出:牛有牛之体,牛有牛之用;马有马之体,马有马之用。不能牛体马用,马体牛用,认为"中学为体,西学为用"根本行不通。严复的批评是正确的。

这里首先要解决体用的意义问题,这里所谓"体"是指原则,所谓"用"是指原则的应用。我们现在讲体用,应该确定:社会主义的基本原则是"体",科学技术、文学艺术是"用"。社会主义的根本原则就是社会主义民主。我们要健全社会主义民主,可以说民主为体、科学为用。现在不应该以中西分体用,无论讲"中体西用"或"西体中用"都是错误的。

概括起来说,中国文化的发展有三条道路。

第一条道路,故步自封、因循守旧,像过去那样,以大国自居,以高明自居,这是做不到的,也是危险的、没有前途的。清代末年顽固派拒绝西学,是一个惨痛的教训,应该牢记。这条道路是走不通的。

第二条道路,全盘接受外国文化,全盘否定民族传统,这也是不可取的,丧失了民族独立性,就会沦为殖民地。西方每一个民族都有其独立性,我们学习西方,如果没有自己民族的独立性,也不是真正学习西方。这同样没有前途,同样是十分危险的。

摆在我们面前的唯一正确的道路,就是主动吸收世界先进的文化成就,同时保持民族文化的独立性,认识本民族优秀的文化传统,发扬创造精神，创造自己的新文化。创造就是发现别人没有发现的客观规律，制造出别人没有制造出的新机器、新工具、新产品。这样才能对世界文化有所贡献，这样才能自立于世界文化之林。这是我们唯一正确的道路。

# 第十三章

# 中国文化的改造与复兴

中华民族屹立于世界东方，创造了自成体系的中国文化，而且影响广被于东亚地区，成为东亚文化的中心。近代以来，与西方相比，中国严重落后了。由于落后，于是遭受了民族的屈辱，出现了一次一次的革新运动。五四新文化运动更对于传统文化进行了全面的猛烈的批判。于是反传统文化的浪潮涌起，出现了"全盘西化"的议论，以为必须全盘否定传统文化才能迅速赶上西方。但是事与愿违，"全盘西化论"只引起了思想的混乱，并没有成为促进文化发展的动力。这主要是因为，"全盘西化论"违背了文化发展的客观规律。

文化发展的过程包含古今关系（过去与现在的延续关系）、内外关系（本国文化与外邦文化的交流关系）以及内部"两种文化"的关系。列宁关于"两种文化"的论断是非常重要的。民族文化之中既有消极的落后方面，也有积极的进步方面。民族文化内部所包含的进步的思想意识是文化向前发展的内在契机，亦即本民族文化的生命力之所在。必须对于民族文化的内在生命力有所认识，并加以发扬，才能促进文化的健全发展。

在古今关系方面，要处理好继承与创新的关系，创新只能是在批判继承上有所前进，要超越传统必须首先了解传统。在内外关系方面，要处理好开放与独立的关系，文化的发展要借鉴外邦文化、吸收外邦文化，但同时要保持民族的主体性、独立性。

必须资外以宏内，不能徇外而蔑内。

如果失去了民族文化的独立性，那就沦为外邦文化的附庸了！

如果丧失了民族的自尊心和自信心，文化的正常发展也将是不可能的。

## 第一节

## 文化体系的分析与综合

文化包含多层次、多方面、多项目的内容。每一项目又包含许多要素。每一时期的民族文化形成一个枝叶扶疏的宏大体系,其中各个项目、各个要素密切相关,但不是清一色的"铁板一块",其中的项目、要素有些是密切结合不可离析的,有些不但可以离析而且是相互矛盾、相互差异的。

举例来说,文化的核心部分是哲学思想。中国古代哲学有许多派别,春秋战国时期百家争鸣,各自立说,相互辩诘;汉代以后,儒学定于一尊,但道家、墨家的反儒篇章(如《墨子·非儒》《庄子·盗跖》)仍保存下来,并未毁弃。隋、唐时代,三教并尊,道佛与儒学鼎足而立。宋代理学兴起,号为正学,但反对理学的言论仍大量存在。这些情况表明,自古及今,文化的不同要素纷然杂呈,都是可以分别观之的。

文化的发展过程就是文化的不同要素的新故推移、选择取舍的过程。就中国古代哲学而论,汉代初期选择黄老之学作为主导思想,兼容百家之说,但黄老之学比较缺乏进取精神,汉武帝采纳董仲舒

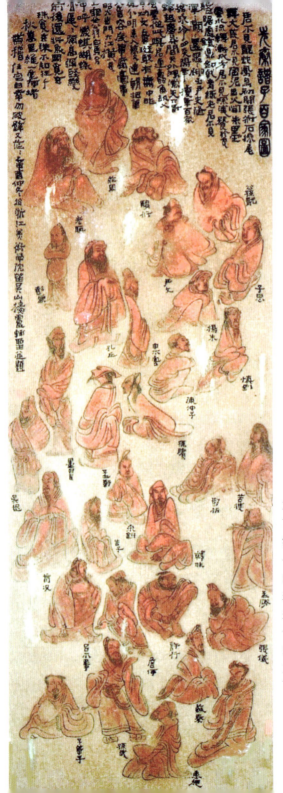

>>> 春秋战国时期百家争鸣，各自立说；汉代以后，儒学定于一尊，但道家、墨家的反儒篇章仍保存下来；隋、唐时代，三教并尊；宋代理学兴起，号为正学，但反对理学的言论仍大量存在。图为当代卢甫圣《诸子百家》。

的建议，"独尊儒术、罢黜百家"，于是转入经学时代，其最严重的后果之一是曾经与儒并称"显学"的墨学中绝（墨学的中绝还有社会原因）。墨学的中绝，对于后来名辩之学与物理之学的发展有严重的影响。而近代西方学术的特色之一正是名辩之学（逻辑）与物理之学有巨大的发展。从一定意义上可以说，儒、墨的盛衰显示了中西的异同。

综观古今中外的历史，许多文化要素是可离可合的，而每一时期的选择也有得有失。

有些文化要素是不相容的，如民主与专制、科学与迷信。有些文化要素则是相容的，如道德与法律、文治与武功。在历史上，有的思想家往往将相容的认为不相容。韩非在《难势》中引述慎到之说"贤智未足以服众，而势位足以屈贤者也"，从而下结论说"夫贤势之不相容亦明矣"。事实上，贤与势是相辅相成的，并非不相容。中国历史上所谓治世（如"文景之治""贞观之治"）都是贤、势结合的典型。儒家重义而轻利，实则义、利是统一的；法家重法而贱学，实则文化教育与法制是相辅相成的。

我们现在创建社会主义的新中国文化，其任务之一是对于中国传统与西方文化进行分析选择，然后将古今中外的一切有价值的文化成就综合起来。分析综合的过程包含改造与提高，而不是简单的缀集。

这是一项创造性的艰巨工程。

## 第二节

## 正确认识中国文化的精粹思想

想了解中国文化的前途,必须了解中国文化中的精粹思想。在中国传统哲学中,有一些真知灼见、精思睿智,对于文化的发展、民族的昌盛,曾起过鼓舞、激励的指导作用。这里举出四点:第一,人格意识;第二,有机整体观;第三,刚健自强思想;第四,爱国观念。这些都是有生命力的精粹思想,值得认真体会,大力发扬。

## 一 人格意识

《周易·蛊卦》:"上九,不事王侯,高尚其事。"《象》曰:"'不事王侯',志可则也。"这是赞美不事王侯的人具有崇高的人格。孔子肯定每一个人都具有独立的意志,他说:"三军可夺帅也,匹夫不可夺志也。"(《论语·子罕》)

孔子又论当时的处世态度说:"贤者辟世,其次辟地,其次辟色,其次辟言。"(同上书,《宪问》)这辟世、辟地、辟色、辟言虽然情况不同，但都表现了独立的人格。孟子引述曾子的言论说："晋楚之富，不可及也；彼以其富，我以吾仁；彼以其爵，我以吾义，吾何慊乎哉？"(《孟子·公孙丑下》)这表现了不屈服于权势的独立人格。孟子更提出了大丈夫的人格标准："富贵不能淫，贫贱不能移，威武不能屈.此之谓大丈夫。"(同上书，《滕文公下》)这大丈夫的人格理想到今天仍能给人以深切的启迪。儒家都很重视人之为人，主张保持作为"人"的人格。孟子提出"人之所以异于禽兽者"，荀子提出"人之所以为人者"。孟子以为人之所以异于禽兽者在于"皆有不忍人之心"，荀子以为人之所以为人者在于"有辨"，即能辨别应当做的和不应当做的。

道家不赞同儒家关于人的理解，而更强调个人的独立自由。《庄子·外篇》云：

> 古之所谓得志者，非轩冕之谓也，谓其无以益其乐而已矣。……故不为轩冕肆志，不为穷约趋俗。……丧己于物，失性于俗者，谓之倒置之民。"(《庄子·缮性》)

不要丧己于物，不要失性于俗，即保持自己的独立人格。

汉、宋儒者大都宗述孔、孟，重视保持一定的独立人格。秦始皇建立了中央集权的专制主义制度，其后经历汉、唐、宋、明以至清代，专制主义愈演愈烈。专制主义就是要奴役人民，"使人不成其为人"。但知识分子士大夫以及广大人民也不断进行反专制的斗争。汉代以至明、清，统治阶级与劳动人民的阶级斗争时缓时烈，同时存在着王权与士权斗争。士大夫虽然是维护君权的，但也重视自己的独立

>>> 孔子肯定每一个人都具有独立的意志,他说:"三军可夺帅也,匹夫不可夺志也。"图为明代文从简《长林徙倚图》。

人格，力图发挥自己的作用，因而有一个"以天下为己任"的传统。《世说新语》记载：

> 陈仲举言为士则，行为世范。登车揽辔，有澄清天下之志。……李元礼风格秀整，高自标持，欲以天下名教是非为己任。(《世说新语·德行》)

陈蕃、李膺可以说是知识分子力图移风易俗的典型。明代设"廷杖"，以摧残士气；清代大兴"文字狱"，以禁锢思想。这都是王权压制知识分子的措施，而知识分子以气节为尚，以不同的方式勉力保持自己的"人品"。

## 二 有机整体观

众所周知，中国古代哲学富于辩证思维。辩证法是一个翻译名词，如果用中国固有的名词，可称为"通变法"。中国哲学把天地万物看作一个整体，整体中各个部分息息相关。这整体之中充满了变化，变化的普遍规律是对立统一。老子提出"反者道之动"，所谓"反"即是否定性，老子认为否定是运动的基本方式。《周易大传》提出"一阴一阳之谓道""刚柔相推而生变化""生生之谓易"等精湛命题，明确揭示对立统一是普遍规律、对立的相互作用是变化的根源。宋代张载阐发《周易大传》的观点，提出"两"与"一"的观念，揭示对立与统一的相互关系："两不立则一不可见，一不可见则两之用息""一故神,两故化",肯定对立统一是变化的源泉。中国的辩证思维更表现于医学理论之中。由于辩证思维的高度发展,中国没有产生西方近代所谓"形上思维方式"。("形上思维方式"是黑格尔的用语,恩格斯采用之,其实应称为分解的思维方式。)事实上,辩证思维方式与形上思维方式是互相补充的。

## 三 刚健自强思想

儒家和道家之间,曾经有关于"重刚"和"贵柔"的意见分歧。老子"贵柔",以为柔弱可以胜刚强;孔子"重刚",以为"刚毅木讷近仁"。《周易大传》提出"刚健""自强"的原则。《文言传》云:"大哉乾乎!刚健中正,纯粹精也。"《象传》云:"大有,其德刚健而文明,应乎天而时行,是以元亨。"又云:"大畜,刚健笃实辉光,日新其德。"这都是对于刚健之德的赞扬。《象传》云:"天行健,君子以自强不息。"意谓天体运行无休止,人应法天,永远向上,决不停息。儒家的刚健、自强思想,在中国的长期历史上,对于知识分子和广大人民起了鼓舞、激励的积极作用,在今天看来,仍然具有重要的理论和现实意义。道家"以柔克刚"的思想,作为一种策略手段,也曾受到重视,但没有成为主要的指导原则。时至今日,我们应该着重发扬的还应是"刚健、自强"的精神。

>>> 中国哲学把天地万物看作一个整体,整体中各个部分息息相关。这整体之中充满了变化,变化的普遍规律是对立统一。图为唐代李昭道《海天旭日图》。

## 四 爱国观念

自古以来，中国即有保卫民族独立的爱国思想。孔子称管仲为仁，其理由即是管仲保卫了华夏的文化使不受夷狄的凌侵。他称赞管仲说：

> 管仲相桓公，霸诸侯，一匡天下，民到于今受其赐。微管仲，吾其被发左衽矣。（《论语·宪问》）

在春秋时期，华夏族与戎狄族交错杂处，到汉代而融合为汉族（汉族的名称当时还没有）。汉魏以后，存在着汉族与匈奴、鲜卑、契丹、女真等少数民族的斗争，到现代而融合为中华民族。在历史上，各族之间曾经有过不同形式的斗争，如宋辽金之争、满汉之争，在今日看来，都属于国内民族的斗争，但在历史上各族人民都在为保卫本族主权而奋斗，而且其间存在着正义与非正义的区别。

在古代，爱国与忠君是密切联系的，但也有一定的区别。《左传·襄公二十五年》记述晏子在崔杼杀君之后说：

> 君民者岂以陵民？社稷是主。臣君者岂为其口实？社稷是养。故君为社稷死，则死之；为社稷亡，则亡之。若为己死，而为己亡，非其私匿，谁敢任之？

晏子区别了君与社稷，这是有重要意义的。社稷指国家政权，君与社稷的区别即君与国的区别。孟子则说："民为贵，社稷次之，君为轻。"（《孟子·尽心下》）又说："有事君人者，事是君则为容悦者也。有安社稷臣者，以安社稷为悦者也。"（同上书，《尽心上》）亦区别了社稷与君。所谓"安社稷"即保卫国家的主权，"安社稷"不仅是忠于君而已。

明、清之际，顾炎武、王夫之、吕留良等思想家宣扬"华夷之辨"，虽然含有轻视少数民族的狭隘民族主义的倾向，但以维护民族主权的爱国思想为主要内容。他们坚决反对异族入侵，但决不赞同对外侵略。他们是主张不同民族和平共处的。应该承认，中国历代知识分子和劳动人民有一个爱国主义的传统。

鸦片战争以来，中国遭受外国列强的侵略，爱国志士、广大群众，奋起抗争，表现了炽烈的爱国主义激情。经过百年的艰苦战斗，中国人民取得伟大的胜利，"中国人民站起来了"！这一百多年的爱国思潮与过去历史上反抗异族入侵的斗争是一脉相承的。

>>> 鸦片战争以来,中国遭受外国列强的侵略,爱国志士、广大群众,奋起抗争,表现了炽烈的爱国主义的激情。经过百年的艰苦战斗,中国人民取得伟大的胜利,"中国人民站起来了"!这一百多年的爱国思潮与过去历史上反抗异族入侵的斗争是一脉相承的。图为当代王巍《中华百年文化名人谱》。

## 第三节

## 文化创新之路

我们现在的历史任务就是建设社会主义的新中国文化。这一方面要批判继承传统文化的优秀遗产,一方面要选择吸收西方文化的先进成就。无论批判继承优秀传统或选择吸收西方成就,都要以社会主义的基本原则作为标准。社会主义社会是遵照辩证唯物主义(包括历史唯物主义)的基本原则建立起来的,辩证唯物主义应是社会主义社会的最高指导原则。辩证唯物主义开辟了探索真理的广阔道路,指导着人们不断前进。

五四新文化运动高举科学与民主两面旗帜。其实在"五四"以前,严复已经大力提倡科学,孙中山的民权主义亦即民主主义。五四新文化运动特别宣扬科学与民主,仍有振聋启聩的作用。过去以为科学和民主都是舶来品,是中国本来没有的。事实上,中国古代既非没有科学,也非全无民主。英国著名科学家李约瑟撰写了几大本的《中国科学技术史》(原文是"中国科学与文化史",译本改为《中国科学技术史》,不尽合原意)。以充分的证据证明中国是有科学的,不过没有发展成近代实验科学。一般认为,西方古希腊曾实行贵族的民

>>> 五四新文化运动高举科学与民主两面旗帜。其实在"五四"以前,严复已经大力提倡科学,孙中山的民权主义亦即民主主义。图为当代吴作人《孙中山和李大钊》。

主制，而中国只有专制制度，这也不合事实。姑不论唐虞（尧、舜）政制。在春秋时期，郑子产不毁乡校，表现了明显的民主作风。孟子的"民贵君轻"之说是民本思想，还不是民主思想，但是孟子还说过：

> 左右皆曰贤，未可也；诸大夫皆曰贤，未可也；国人皆曰贤，然后察之；见贤焉，然后用之。左右皆曰不可，勿听；诸大夫皆曰不可，勿听；国人皆曰不可，然后察之；见不可焉，然后去之。左右皆曰可杀，勿听；诸大夫皆曰可杀，勿听；国人皆曰可杀，然后察之；见可杀焉，然后杀之。故曰国人杀之也。如此，然后可以为民父母。（《孟子·梁惠王下》）

国事由国人来决定，这不是民主思想吗？后来宋、元之际邓牧著《伯牙琴》，明、清之际黄宗羲著《明夷待访录》，都提出了明显的民主思想。中国传统思想中存在民主思想的端绪，不过没有产生资本主义的民主制度而已。

了解中国古代科学曾经有丰富的成就，了解中国古代也曾有初步的民主思想，可以增强民族的自信心和自尊心。当然更要保持虚心的态度。

提倡科学，要重视可以作为科学的理论基础的哲学。发扬民主，要重视可以作为实现民主的条件的道德。

文化的发展必然包含哲学思想的繁荣。我们要坚决肯定辩证唯物论的主导地位，同时要贯彻"百家争鸣"的正确方针。这两者之间并无矛盾。因为辩证唯物论并不排斥任何新发现的真理，而违反真理的谬论只有在辩论中才能加以克服。

社会主义社会以社会主义的人道主义作为道德的最高准则，对于传统道德要进行分析改造。千百年来劳动人民所赞扬的传统美德，如"廉洁""信义""勤俭"，仍应大力宣扬。要改造"忠"的观念，废除忠于君主、忠于个人的"忠"，宣扬忠于民族、忠于人民、忠于祖国的"忠"。要改造"孝"的观念，取消绝对服从的愚孝，提倡在人格平等的基础之上的父慈子孝、敬老慈幼。传统道德的最高规范是"仁"，"仁"可以说是古代的人道主义。我们今天实行社会主义的人道主义，在一定意义上也可以说是"仁"的批判继承。

建设社会主义的新中国文化，既要慎重总结传统文化，又要虚心学习西方文化，同时更要发挥创造性的思维，在前人已有的基础上，有所发现，有所发明，有所创造，有所前进。只有在哲学、科学、文学、艺术等各方面都呈现了繁荣兴盛的景象，社会风俗亦有大的改进，才能表现出社会主义文化的优越性。

中国人民有勇气、有决心，建成社会主义的中国新文化。

>>> 建设社会主义的新中国文化，既要慎重总结传统文化，又要虚心学习西方文化，同时更要发挥创造性的思维，在前人已有的基础上，有所发现，有所发明，有所创造，有所前进。图为宋代赵佶《祥瑞图》。